SOUVENIRS

D'UN

FANTOME

CHRONIQUES D'UN CIMETIÈRE;

Par le baron Lamothe-Langon.

> Songes, devins, sorciers, fantômes imposteurs,
> Prodiges, noirs esprits et magiques acteurs.
> LEWIS; ROMAN DU MOINE.

II.

PARIS.
PUBLIÉ PAR CHARLES LE CLERE,
RUE GIT-LE-COEUR, 10.
—
1838

SOUVENIRS

D'UN FANTOME.

IMPRIMERIE DE MADAME HUZARD (NÉE VALLAT LA CHAPELLE),
rue de l'Éperon, 7.

SOUVENIRS

D'UN

FANTOME,

CHRONIQUES D'UN CIMETIÈRE;

Par le baron Lamothe-Langon.

> Songes, devins, sorciers, fantômes imposteurs,
> Prodiges, noirs esprits et magiques acteurs.
> LEWIS ; ROMAN DU MOINE.

II.

PARIS.
PUBLIÉ PAR CHARLES LE CLERE, LIBRAIRE,
RUE GIT-LE-COEUR, 10.

MDCCCXXXVIII.

Le Frère et la Sœur.

Le comte de Saint-Germain voyageait en Bohême, la nuit le surprit non loin de Prague; une roue de sa voiture cassa, il fallut s'arrêter; il aperçut un château, il y entra et demanda l'hospitalité : on lui dit que le seigneur était malade : cependant le maître-d'hôtel l'introduisit auprès du baron : c'était un homme d'environ trente ans, beau et bien fait, mais grave, mélancolique et cérémonieux ; sa chambre à coucher, entièrement tendue de noir, ressemblait à un catafalque ; le lit était en velours noir brodé de franges d'argent et de plumes blanches : un lustre de cristal de roche, garni de bougies, pendait à la voûte. Le comte de Saint-Germain regarde tout cela avec une attention religieuse, et, quand il a bien examiné les traits de son hôte, il lui prend la main comme pour surprendre sa pensée, et lui dit :

« Excellence, chez vous le cœur est malade encore plus que le corps, et je me flatte de vous guérir si vous vous abandonnez à moi !... »

Le châtelain sourit d'un air dédaigneux,

hocha la tête et dit que son mal était incurable.

Le comte insista, se fit connaître et obtint bientôt la confiance du jeune baron. Demeuré orphelin avec une fortune considérable, le jeune seigneur s'était rendu amoureux de la fille de son notaire, et, malgré les lois héraldiques, avait voulu en faire sa femme. Sa famille tout entière s'était opposée à ce qu'elle appelait un acte de démence; et, la première nuit des noces, au moment où il devait posséder l'objet de son amour, il sentit deux mains le saisir, l'éloigner de sa jeune épouse, et une voix sourde murmurer à son oreille ces mots : « Crains de goûter un bonheur qui serait un crime; passe cette nuit en prières, et demain va, dans la tour des archives, chercher dans la deuxième boîte de fer que tu verras à ta gauche; tu y trouveras des papiers qui te révéleront un fatal secret!...» Après ces mots, la voix s'éteint, la main glacée s'éloigne, et le baron se leva précipitamment pour appeler ses gens : après de vaines recherches, tout ce qui venait de se passer resta enveloppé dans un mystère incompréhensible.

Le baron cache à sa femme ce qu'on lui a dit ; elle n'a rien entendu ; il craint lui-même d'avoir cru trop légèrement une illusion de ses sens ; l'amour l'emporte sur la terreur, il se rapproche de madame la baronne ; plus de voix sourde, plus de main glacée ; le mariage se consomme le lendemain ; les distractions de la noce achèvent de le rassurer, et il oublie d'aller visiter les archives de son château. Une semaine s'écoula ; neuf jours après, c'était un vendredi, il était dans son cabinet, à onze heures du matin, écrivant une lettre à un de ses amis alors en Italie ; on frappa à la porte, il dit : *Entrez!*

Un homme se présente vêtu d'une longue robe brune, garnie de menu vair, un chapeau de velours noir sur la tête, sa figure est pâle et sans expression ; il n'y a ni mouvement ni feu dans ses yeux ; il marche moins qu'il ne glisse, et le baron, l'examinant, reconnut dans ses traits ceux d'un des gardiens des archives de sa famille, mort deux cents ans auparavant, et dont le portrait décore un des panneaux de la galerie. Le maître du château, en ce temps-là, l'avait fait peindre, en récompense de son dévouement à la famille.

Cet être extraordinaire s'approche du baron ; il tenait une liasse de papiers dans sa main gantée, la pose sur le secrétaire, fait une profonde révérence, sort sans rien dire, et laisse après lui une odeur de tombeau.

Le baron, immobile de terreur, éprouve le frisson de la nuit de ses noces, et croit entendre de nouveau les paroles fatales : il ose enfin regarder les papiers qui viennent de lui être remis, mais d'une façon si étrange, et leur contenu le glace d'horreur... C'est sa propre sœur qu'il a épousée !...; fille naturelle de son père et de la sœur de la femme du notaire du lieu : celle-ci avait consenti à feindre un grossesse ; elle trompa son mari tout le premier pour sauver l'honneur de sa famille ; plusieurs actes prouvent jusqu'à l'évidence la réalité de ce fait.

Le malheureux jeune homme ne peut plus en douter. Tout à coup la belle mariée entre ; surprise de la pâleur de son bien-aimé, elle lui en demande la cause, essayant, par ses caresses, d'adoucir le chagrin dont elle voit son front couvert ; mais lui, poussant un cri horrible, la repousse avec indignation ; les pleurs de la baronne amènent une nouvelle scène ; elle insiste pour savoir les motifs de cette espèce de folie. Les mots mystérieux qui échappent au baron augmentent en elle le désir de tout savoir. Il n'est plus temps de se taire; le mari parle...; l'affreux secret est dévoilé. Depuis ce jour, la santé de la jeune femme décline rapidement, et, au bout d'un mois, elle meurt de désespoir et d'amour.

Son époux, son frère passait en prière la première nuit du veuvage, lorsqu'il entendit marcher derrière lui; il se détourna et vit sa femme, vêtue du suaire funèbre, qui venait s'agenouiller à ses côtés : elle ne lui parlait ni le regardait; elle était immobile; ses lèvres seules remuaient, ce qui rendait encore sa physionomie plus effrayante. Il était minuit; à une heure du matin, elle se releva et se retira lentement. Depuis un an à peu près, cette scène se renouvelait chaque nuit.

Le comte de Saint-Germain écouta cette narration avec un calme imperturbable.

«Excellence,» dit-il au jeune baron, «avez-vous demandé à la défunte ce qu'elle désire de vous?

— Non, monsieur,» répondit cet époux inconsolable; «je ne me suis jamais permis de l'interroger!

— Avez-vous engagé quelqu'un à demeurer avec vous à l'heure de l'apparition?

— Jamais!

— Eh bien! souffrez que nous passions cette nuit ensemble : il m'est permis de présumer que je vous serai utile!»

Le baron, subjugué par la réputation de M. de Saint-Germain, consent à tout. Le comte se fait apporter une cassette dont il ne se séparait jamais, en tire certains ingrédients, et en parfume la chambre. Minuit sonne, la porte s'ouvre, le comte ne voit rien paraître, mais entend le frottement d'un linceul; il s'aperçoit d'une légère vacillation dans la flamme des bougies : à sa grande surprise, un fauteuil paraît se remuer de lui-même et va se placer à côté de celui du baron qui, sur un signe que lui fit M. de Saint-Germain, interroge le fantôme visible pour lui seul.

Une voix répond que sa femme doit l'accompagner jusqu'à sa dernière demeure, et qu'il la verra encore pendant vingt et une nuits seulement, parce que ce terme est celui de sa vie.

Le comte de Saint-Germain se mit également à prier Dieu jusqu'à ce que le spectre partît selon l'usage, à une heure du matin. Le comte ne sut que dire de ce qui s'était passé devant lui. Le maître du château, heureux de savoir à quelle époque il quitterait la terre, pria le voyageur de rester avec lui les trois semaines qui le séparaient de la mort.

M. de Saint-Germain y consentit. « J'essayai, » poursuivit M. de Saint-Germain, qui racontait cette histoire à Louis XV, « de faire prendre un élixir merveilleux au baron; mes soins furent inutiles. Le vingt et unième soir, il expira; peu d'instants avant de rendre le dernier soupir, et tandis qu'il conservait toute sa raison, il me confia qu'il voyait sa femme, et le gardien défunt des archives, debout auprès de son lit, prêts à l'emmener quand il partirait.

La Fille des bruyères.

C'était par une belle nuit du mois de décembre; le ciel resplendissait d'étoiles, dont la pureté de l'air laissait apercevoir le scintillement; un vent impétueux soufflait, tantôt tourbillonnant avec violence, tantôt mugissant et grondant comme un tonnerre lointain ; le froid était piquant, et le jeune Sylvestre, qui se sentait déjà tout engourdi, cheminait rapidement afin de regagner la chaumière où sa vieille grand'mère l'attendait. A la sortie du bois qu'il parcourait dans ce moment, il franchit un vaste espace tout semé de bruyères et de buissons épineux. Le regard inattentif de l'adolescent (Sylvestre entrait dans sa quinzième année) s'arrêta, à quelque distance, sur une masse blanchâtre dont il ne put déterminer la forme : la curiosité l'emportant sur la peur, il avança et aperçut alors une petite fille de cinq à six ans, mal vêtue, qui dormait, ou que la rigueur de la saison avait glacée; le pâtre compatissant essaya de la retirer de ce sommeil léthargique, et, ne pouvant y parvenir, s'assit un moment à ses côtés, et la tournant la retournant ; elle n'était pas morte.

« Je la sauverai, » dit-il, « Dieu me récompensera d'une bonne action. » Et alors la soulevant dans ses bras, il la posa délicatement sur son épaule, sans qu'elle fît aucun signe de surprise ou de terreur, et il se mit à courir. Il eut bientôt franchi la distance, et parvenu à la porte du manoir : *toc, toc*, fit-il en frappant, « mère-grande, voici Sylvestre, accourez vite, il vous apporte une princesse enchantée qu'il a trouvée dans les champs. »

Le jeune berger avait reçu une certaine éducation chez le curé du village qui lui voulait du bien.

La vieille Marthe accourut, d'un pas lent toutefois, et tenant à la main une lampe allumée.

« Bonté divine, » s'écria-t-elle, « où ce garnement a-t-il fait connaissance de cette drôlesse ? Hors d'ici la misérable qui mangerait notre pain et se moquerait de nous.

— Si elle sort, mère-grande,» répondit Sylvestre, «je m'en irai avec elle ; voyez-la, si jolie et malheureuse, abandonnée sans doute par ses parents ; elle n'a pour se vêtir que cette méchante chemise toute percée, et déjà les frimas découlent de ses blonds cheveux, elle ne parle, ni n'entend, l'infortunée ! Seriez-vous satisfaite si, égaré comme elle, comme à elle on me refusait l'hospitalité ? » Ces paroles dites avec entraînement et chaleur touchèrent Marthe ; elle s'assit en grommelant, mit du bois au feu et prenant à son tour l'enfant, la présenta à la flamme brillante dont la douce chaleur ne tarda pas à la ranimer.

L'enfant, en effet, ouvrit les yeux ; elle les avait noirs et tels que des escarboucles dont ils jetaient l'éclat ; sa bouche mignonne ressemblait à un bouton de rose et les roses aussi couvraient ses joues blanches comme la neige qui commence à tomber; sa taille souple et svelte ne manquait ni de grace, ni de légèreté; le pied, la main charmaient par la délicatesse de leurs proportions. Cette enfant était belle à ravir; mais, malgré son âge apparent, elle ne parlait pas. Ses lèvres ne laissaient échapper que des sons inarticulés. Elle allait, venait au hasard, manquant complètement d'intelligence, ou plutôt n'en ayant que ce qu'il fallait pour éviter de se laisser choir dans le brasier ou de se heurter contre la muraille.

Marthe murmura longtemps de cette croix dont Dieu, disait-elle, les affligeait; elle aurait, au lieu de se faire soigner elle-même, l'obligation de veiller continuellement à l'existence d'un être privé de raison. Néanmoins, soit par pitié, soit par tendresse pour son petit-fils, elle accepta le fardeau.

Depuis cette époque, la fortune de Marthe

et de son petit-fils s'améliora de jour en jour; leur petit troupeau s'accrut; les maladies ne le désolaient point; les arbres du jardin pliaient sous la quantité de fruits qui les couvraient et tous excellents; les ruches donnaient un miel délicieux qui fut acheté un haut prix; puis tantôt on trouvait une bourse pleine d'or; tantôt un colporteur, à qui on avait donné à coucher laissait, en partant, en marchandises, trente à quarante fois la valeur de ce qu'il lui en eût coûté à l'auberge où il eût mieux été. La jument qui bondissait dans la prairie donna un poulain que l'on acheta pour les écuries du roi. L'aisance régna bientôt dans la maison de Marthe, et la vieille femme, en caressant l'orpheline, fut contrainte d'avouer que la bénédiction du ciel se répandait sur ceux qui ouvraient leurs bras et leur maison à l'enfant abandonné.

La jeune fille grandissait et ses charmes se développaient d'une manière admirable. Sylvestre, de son côté, devenait un beau garçon que toutes les jeunes filles de village examinaient avec plaisir; mais lui ne s'occupait que de sa jolie compagne; il la défendait contre les brusqueries de Marthe, il la menait à la promenade quand il faisait beau, et, dans la mauvaise saison, il veillait sur elle avec un soin extrême. L'orpheline, en revanche, n'aimait que lui. Sa faible intelligence lui faisait commettre sans cesse des fautes dont Sylvestre cherchait à l'excuser; lui demandait-on d'aller quérir une assiette, elle présentait un vase de fleurs; lui commandait-on d'ouvrir une fenêtre, elle se mettait à danser en riant. Jamais on ne put lui enseigner ni à traire les brebis, ni à prendre soin du colombier, de la basse-cour. Gaie, inattentive et folâtre, elle ne savait que poursuivre Sylvestre, lui faire des niches et l'embrasser tendrement.

C'était une insensée, et pourtant elle était charmante! Comme elle se dessinait avec grace, chacun de ses mouvements séduisait, chacun de ses gestes parlait à l'ame.

Elle atteignit sa quinzième année, Sylvestre entrait dans sa vingt-quatrième. On ne parlait que de lui et d'elle; de lui pour l'envier, d'elle pour la plaindre. Les gars de la contrée commençaient à chuchoter sur les œillades significatives que la fille du baron lançait à l'humble villageois. Elle cherchait toujours des prétextes pour lui parler; et cependant qu'elle était fière! Son père, haut seigneur, avait trente vassaux à tourelles et lui portant sa bannière carrée. La damoiselle Olinde aurait pu choisir entre les chevaliers des environs, et l'on ne pouvait plus douter qu'elle ne fût sérieusement éprise de Sylvestre. Celui-ci, qui longtemps avait ignoré de cet amour si glorieux pour lui, commençait à en reconnaître l'évidence, son orgueil jouissait; mais il craignait le bruit, et il se tenait à l'écart. Un jour, dans le mois de juillet, et vers le midi, Marthe commanda à Sylvestre d'aller inspecter le travail des moissonneurs occupés à lier des gerbes qui venaient d'être coupées : il partit, et déjà il était à quelque distance de la maison, lorsque l'orpheline s'élançant, plus prompte qu'un éclair, le rejoignit, l'enlaça dans ses bras d'ivoire, et posant un baiser sur ses yeux, fit signe qu'elle voulait aller avec lui; il l'aimait trop pour la chagriner, et, passant son bras autour de sa taille élégante, il se mit à marcher.

L'air était saturé de vapeurs étouffantes, qui se condensaient au point de cacher, en partie, le disque du soleil. L'azur de la céleste voûte se changeait insensiblement en une teinte à la fois sombre et rougeâtre, tandis que des nuages noirs s'élevaient pesamment à l'horizon : c'était du feu que l'on respirait. Sylvestre, regardant à l'entour, aperçut une grotte où souvent il s'était retiré avec sa jeune compagne, et où cette fois il la ramena, dans l'espérance d'y trouver quelque fraîcheur. Une mousse épaisse la tapissait, et dans un coin tombait avec murmure un léger filet d'eau; à peine entraient-ils dans ce lieu de délices, qu'un éclair luisit et que la foudre gronda coup sur coup; d'autres éclairs et d'autres coups de tonnerre se succédèrent; une tempête s'éleva, terrible et majestueuse dans sa violence; les échos, en la répétant, la rendaient plus terrible. L'orpheline épouvantée embrassait Sylvestre qui, pour la distraire, la comblait des plus tendres caresses; chaque éclat de la foudre amenait un nouveau baiser, et dans le cœur du couple aimable s'élevait un orage non moins véhément. L'obscurité était profonde, et lorsque les vents eurent emporté le reste de la tempête aérienne, on vit sortir de la grotte un couple enivré d'amour et de bonheur; mais ce n'était plus une folle enfant sans raison et sans retenue, que Sylvestre conduisait avec lui, c'était une jeune femme timide et embarrassée, rougissant et néanmoins heureuse. L'orpheline, par un miracle sans doute, avait tout ensemble recouvert l'usage de la parole et de la raison. Elle parlait d'une voix harmonieuse dont chaque touche résonnait délicieusement au fond de l'ame de Sylvestre; ses yeux, distraits naguère, s'énonçaient peut-être avec encore plus d'éloquence. Le prodige était complet.

Ce fut bien alors que Marthe, qui se méfiait toujours de l'orpheline, augmenta de soupçons en la voyant exprimer ses idées, ce qu'elle n'avait pas fait encore, et donner la preuve palpable qu'elle n'était ni muette ni déraisonnable. Les commères partageaient sa surprise : il y en avait qui prétendaient qu'un sortilége seul avait agi là dedans. On insinua qu'un exorcisme serait nécessaire, et le curé de la paroisse fut demandé. A la vue du saint homme, l'orpheline s'inclina modestement et lui demanda sa bénédiction : il en fut charmé, et, loin de maudire, comme on l'espérait, la céleste créature, il déclara qu'elle était sans doute un ange descendu sur la terre pour le bonheur des humains. Sylvestre regardait tout ce qui se passait avec un étonnement mêlé d'inquiétude. La beauté surnaturelle de la jeune fille, le souvenir du bonheur qu'il avait goûté naguère occupaient ses sens et attachaient son cœur. Dans ce moment, quatre gendarmes, deux écuyers et deux pages qui conduisaient un cheval magnifiquement enharnaché, vinrent le demander, de la part du haut baron seigneur de la contrée. Celui-ci, dont on connaissait l'humeur impérieuse, mandait à Sylvestre qu'il se rendît auprès de lui sans aucun retard. Le petit-fils de Marthe monta sur le destrier qu'on lui présentait, et il partit, laissant son aïeule, le curé, l'orpheline et les autres villageois enchantés de sa bonne mine et de sa mâle assurance à conduire le cheval.

Que lui voulait le baron ? nul ne le savait, et tous formaient des conjectures. Une vieille amie de Marthe s'aventura à lui dire que peut-être son petit-fils deviendrait le gendre du seigneur ; car le bruit était public que la damoiselle Olinde était prise d'amour pour le beau pasteur. La jeune fille, qui avait entendu ces paroles, leva mélancoliquement ses yeux au ciel et se mit à pleurer; elle tomba dans une tristesse profonde, et elle, qui était la gaîté en personne, gémissait et se désolait alternativement. Plusieurs heures s'écoulèrent. Le trot d'un fort cheval se fit entendre, il s'arrêta devant la maison; puis on ouït Sylvestre sauter à terre et monter l'escalier. L'orpheline aussitôt parut et, avant de le laisser parler, sauta impétueusement à son cou, l'embrassa et le combla de caresses; Sylvestre les reçut en homme chagrin; sa belle physionomie portait l'empreinte d'un trouble qu'il cherchait à dissimuler. Mais enfin, faisant un effort sur lui-même, il instruisit son aïeule que le seigneur, en le faisant venir chez lui, avait cédé à l'état désespéré de sa fille résolue à se donner la mort si Sylvestre ne devenait pas son époux. « Et qu'as-tu résolu ?» demanda la jeune fille avec anxiété, et tandis qu'à demi agenouillée, elle tendait sa main tremblante à celui qui déchirait son cœur.

Sylvestre ne répondit que par le silence; mais il fut tellement expressif, que la jeune fille comprit tout ce qu'il lui cachait. Elle poussa un cri..., un cri déchirant, se jeta impétueusement dans la chambre d'où elle venait de sortir, en ferma la porte sur elle, et, depuis ce moment, elle disparut à tous les yeux, sans laisser aucune trace, et sans qu'on pût savoir comment elle avait quitté la maison. Ce fut un incident étrange, inexplicable qui épouvanta la vieille femme, persistant à voir là dedans la conséquence d'un sortilége. On dit que Sylvestre, qui s'attendait à soutenir de rudes combats, se montra presque heureux de cette fuite mystérieuse : l'ambition l'avait perdu; fier du mariage superbe qu'il allait contracter, il se voyait déjà le maître et le seigneur des compagnons de son enfance et le propriétaire de terres immenses qui appartenaient au baron.

Huit jours s'écoulèrent; les noces de la damoiselle Olinde et du simple vavasseur, que l'amour élevait à un tel rang, furent célébrées avec pompe. Il devait y avoir, dans l'après-midi, un tournois où l'on avait convoqué les chevaliers et les seigneurs de vingt lieues à la ronde. La lice venait d'être ouverte, plusieurs pas d'armes avaient eu lieu, quand on entendit le son formidable de trompettes démesurées que les échos répétaient de toutes parts. L'assemblée regarda vers le lieu d'où partait ce bruit; et quelles ne furent pas la surprise et l'épouvante générales, lorsqu'on vit trente géants, armés de fer, montés chacun sur un tigre colossal, dont les rugissements répondaient aux trompettes qu'embouchaient cinquante nègres hideux et démesurés aussi. Derrière ce cortége, un char s'avançait traîné par douze lions, et sur ce char on apercevait un chevalier plus grand que ceux de sa suite, entièrement couvert d'une armure d'or rehaussée de pierreries : à son côté était assise une jeune personne, dont la figure et la taille étaient cachées sous d'immenses voiles noirs. Lorsque les chevaliers, les nègres et le char furent parvenus aux barrières de l'enceinte, le puissant chevalier fit avancer un éléphant qui suivait, y monta avec une aisance qui surprit les spectateurs, et brandissant une forte lance d'or massif, se présenta devant l'amphithéâtre sur lequel le baron, père de la nouvelle mariée, les hautes dames et les hauts seigneurs avaient des siéges particuliers ; chacun le regardait avec autant d'étonement que de terreur, et lui, prenant la parole :

« Dames et seigneurs, » dit-il, « je suis le roi des gnomes, et vous voyez là, auprès de moi, ma fille infortunée; mes peuples et moi jouissons de grands avantages; mais un nous manque : nous n'avons pas d'ame; nous ne pouvons en obtenir une qu'avec l'union des enfants de la terre; j'avais consenti à me séparer de ma fille chérie pour lui procurer ce bonheur; je me préparais à élever mon gendre au dessus des souverains de tout ce monde terrestre, et l'ingrat l'a abandonnée à l'instant même où elle l'a rendu heureux; je ne viens point réclamer sa pitié ou sa justice, je viens procéder à son châtiment et prendre une vengeance légitime. Ce déloyal et vil paysan, dont l'amour vient de faire un chevalier, c'est Sylvestre; ce misérable n'a pas compris son bonheur. »

Le prince souterrain, en achevant ces mots, frappa de sa longue lance le jeune aventurier et l'étendit roide mort sur le sable, avant que celui-ci pût se mettre en défense, et sans qu'aucun songeât à le secourir, tant on était anéanti par la vue d'un tel spectacle; mais ce qui laissa dans les esprits une empreinte profonde de pitié, ce fut de voir, d'un côté, la fille du baron et, de l'autre, la fille du roi des gnomes se précipiter sur le cadavre qui venait d'être privé de vie, le couvrir de baisers et de larmes, et toutes deux, s'encourageant par l'excès de leur douleur, se donnèrent la mort simultanément, dans l'espérance d'aller le rejoindre dans un meilleur monde.

Le Paysan et le Diable.

Un paysan venait de la ville et s'en retournait chez lui. Il n'avait pu, faute d'argent, acheter plusieurs choses qui lui étaient nécessaires et d'autres dont la revente lui eût procuré un grand profit. Chagrin de sa pauvreté, il s'en allait rêvant, à part soi, à l'avantage de la richesse, et tout en cheminant, il disait d'une manière mentale, qu'il serait bien homme à se donner au diable si le diable l'enrichissait au dessus de tous ses voisins.

Pendant qu'il roulait ainsi cette pensée sacrilége, il atteignit la lisière d'un bois et vit imparfaitement devant lui (la nuit était close) l'entrée d'une route qui s'abaissait entre deux tertres élevés, et qui avait la réputation d'être un véritable coupe-gorge; il s'y enfonça néanmoins sans balancer, tout préoccupé de sa pensée fatale. Il y marchait déjà depuis quelque temps, lorsque le bruit d'un pas lourd se fit entendre, et lorsqu'une haleine embrasée vint frapper son oreille; il y avait auprès de lui un voyageur à la haute stature, au visage pâle et livide, qui se mit à cheminer d'un pas égal au sien, et avec lequel il tarda peu à entrer en conversation. Les paroles semblaient ne pas sortir des lèvres des deux voyageurs; ce qu'ils se disaient était tout intérieur et cependant ils s'entendaient à merveille; le nouveau venu dit à l'autre : Tu as bien raison de te plaindre de ton sort et plus de raison encore de vouloir en changer; il dépend de toi d'acquérir de grandes richesses et de te rendre supérieur à ceux qui, jusqu'à ce jour, t'ont regardé comme au dessus d'eux. Je puis, moi qui te parle, te procurer tous les biens dont tu manques; mais pour cela il faut du courage et de la résolution, pour cela il te suffira de te donner à moi, de m'adorer, et je te comblerai de toutes sortes de biens. Le paysan, épouvanté et devinant quel était son terrible compagnon de voyage, n'éprouva pas d'abord toute l'horreur qu'il devait en ressentir. Sa pauvreté, dont il voulait sortir à quelque prix que ce fût, devint le véhicule qui dicta sa réponse.

« Je sais bien qui tu es, et devrais, en invoquant le Rédempteur, te faire partir à l'instant même ; tu viens me tenter et je ne suis pas disposé à me ranger sous ta loi.

— Je te donnerai des terres plus que n'en a le seigneur de ton village et de l'argent plus que n'en possède le couvent des Bénédictins du lieu.

— Et pour tout cela, » repartit le paysan, « je devrais te rendre foi et hommage, t'abandonner mon ame pour l'équivalent ; car c'est là le prix dont tu fais payer tes complaisances.

— Veux-tu voir, » reprit le voyageur mystérieux, « tout ce que je ferai pour toi ? Regarde un peu à ta droite et vois ce qui frappera ta vue. » Le paysan regarda et vit un plat gigantesque d'argent massif et tout rempli de pistoles, de ducats, de florins et de louis d'or jusqu'à en déborder. L'eau en vint à la bouche du paysan, qui se sentit possédé du désir éminent de conquérir cette belle proie ; mais, d'un autre côté, il ne voulut pas non plus consommer le sacrifice que son compagnon exigerait. Il lui revint en ce moment dans la pensée qu'il avait en poche un chapelet de médailles, de reliques et *d'agnus Dei*; il ne marchanda pas, le tira bravement de sa poche, et tout à coup le jeta autour du cou de l'étranger, après avoir eu soin de prendre ses dimensions, afin que le coup ne manquât pas. Son acte d'audace lui réussit. La chaîne bénite, avec laquelle il dompta le prince des ténèbres, eut tant de force, que tous les mouvements de Lucifer, accompagnés d'horribles hurlements, ne purent parvenir à le dégager du guet-apens qui venait de lui être tendu ; il se débattait de manière à faire trembler ce monde-ci et l'autre, mais le ferme paysan ne lâcha jamais prise, en déclarant qu'il ne lui rendrait la liberté que si Satan lui faisait pur cadeau de l'or qu'il avait devant lui dont il voulait la propriété jusqu'au plat. Le diable se débattit, cria, fit des menaces; mais enfin il fut contraint, pour obtenir sa délivrance, d'entrer en arrangement. Il commença en effet par demander la liberté, et il finit par se contenter du moindre présent qui lui serait fait, tant il avait d'impatience de se débarrasser du piége dans lequel il était tombé.

Le paysan, bien rassuré par la parole solennelle du diable, que le trésor qu'il lui abandonnait ne s'évaporerait pas en fumée et ne deviendrait pas feuille de chêne, prit dans le plat un ducat rogné, et le jetant au milieu du chemin: « Tiens, méchant, » dit-il, « voilà le gain de ta journée, profites-en et me laisse en repos. » En même temps il le dégagea du terrible chapelet, et le diable honteux et confus, regardant piteusement les richesses qu'il abandonnait pour une si chétive récompense, emporta la pièce et disparut. Le paysan, de retour à son village, donna une partie du trésor aux moines du lieu, et par ce sage cadeau s'acquit la propriété légitime de tout le reste.

Le Glas du clocher de village.

Dans la ville épiscopale d'Alet située dans le Languedoc, au commencement de la chaîne des Pyrénées et sur les bords de l'Aude, vivait en 1207 un paysan vertueux et estimé dans le pays, on le nommait Jacquelin. Il s'en revenait un soir de la ville de Limoux ; le soleil était couché depuis longtemps ; comme il approchait d'Alet, il fut accosté par un prêtre qui paraissait harassé et se traînait à peine appuyé sur un bâton noueux. Jacquelin lui demanda la bénédiction qu'il reçut dévotement à genoux, suivant l'usage du temps et du lieu.

« Jeune homme, » lui dit l'ecclésiastique, « tu parais ne point partager les opinions folâtres qui font presque de tous tes compatriotes d'infames Pattaresques et d'abominables Albigeois ; ils attireront sous peu les foudres du saint-siége et la justice des hauts barons de France.

— Je suis catholique et apostolique dans toute la force de mon ame, » répondit Jacquelin « et je veux mourir dans ma croyance dans ma fidélité au saint-père.

— Dieu t'en récompensera dans l'autre

vie et te préservera dans celle-ci des piéges du malin.

— Oui-dà, si Dieu se mêlait de cela et s'il perdait son temps à s'occuper de tous les manants du Languedoc et du monde, » dit d'une voix aigre et sardonique une sorte d'Arragonais qui apparut tout à coup à la surprise des deux interlocuteurs, et sorti, ainsi qu'ils purent le croire, d'un amas de débris voisins; c'était un homme entre deux âges, noir de peau, et dont les deux yeux lançaient des éclairs; un réseau de soie verte contenait une forêt de cheveux crépus; un ample manteau rouge enveloppait sa taille gigantesque, et d'amples bottines couvraient des pieds difformes et d'une dimension démesurée. Il maniait une sorte de massue de bois garnie de longs clous de fer du poids au moins de soixante livres et qui semblait ne pas plus peser dans sa main qu'une canne légère. « Par la mort et par le sang, on dirait que je vous fais peur et que ma compagnie vous déplait, » poursuivit-il; « je n'aime pas, il est vrai, les capelans, mais je donne gros aux églises; je me moque des manants routiniers et paresseux, qui me doivent de bons conseils, et parfois j'achète leur récolte; je vous sais d'un tel caractère, discrète et honorable personne (ceci était pour le prêtre), et toi, grand pendard de Jacquelin, qui es riche, et qui n'as pas eu encore, ni maîtresses, ni aventures.

— Et d'où me connais-tu, » répondit celui-ci, « pour me parler aussi familièrement?

— La, la, la, mon brave camarade, ne te fâche point, j'en ai mangé de plus gaillards que toi, et si la fantaisie me prenait, je te briserais les os comme du verre, lors même que notre damp abbé que voilà te prêterait le secours de sa main et de son excommunication.

— Tu es, » dit le prêtre, « un.... un véritable patarin.

—Bon ! mieux que cela, » repartit l'étranger qui, se mettant à rire, laissa voir, à la clarté de la lune, des dents longues et presque noires.

« Ah ! tu es le diable, » dit le prêtre.

« Oh ! grand saint Polycarpe, » s'écria Jacquelin en passant du côté de l'abbé; « si c'était vrai !

— Et quand cela serait, » répondit l'Arragonais en redoublant ses éclats de rire tellement discordants et bruyants que des oiseaux perchés sur des arbres tout auprès et déjà endormis s'éveillèrent et s'enfuirent à tire-d'aile... «et quand cela serait, le diable n'est-il pas un bon vivant, persécuté et que l'on calomnie parce qu'on ne le connaît pas?

—Si tu l'es, » dit le prêtre gravement, « passe ton chemin, et nous laisse.

— Si je ne le suis pas ?

— Passe également ton chemin et nous laisse ; car tu parles comme si tu l'étais.

—Dans cette alternative, » répliqua l'Arragonais, « je vois qu'il me faut fausser compagnie et me résoudre à cheminer seul ; tant pis pour vous, car vous perdez une belle occasion de vous instruire et même de vous enrichir. »

Le voyageur s'éloigna, en faisant le moulinet de sa massue colossale et en chantant la chanson connue, dans le pays, sous le titre du *lai du diable*.

La vivacité de sa démarche l'éloigna rapidement ; lorsqu'on ne l'entendit plus, Jacquelin, pouvant parler à peine, dit à son compagnon : « Est-ce le diable, ou un de ses serviteurs ?

— C'est toujours un de ceux dont il fera sa pâture, » répondit le prêtre ; « c'est un de ces coupables Albigeois, contrebandiers de profession et dont l'ame est vendue à Satan, parce qu'en vérité Dieu ne sait qu'en faire. » La conversation fut poursuivie sur ce ton jusqu'à l'entrée de la petite ville d'Alet. Là le prêtre s'informa de Jacquelin, si l'honnête vavasseur Timothée vivait encore.

« Hélas! » répondit Jacquelin, « c'était mon oncle, et il y a six mois que nous l'avons enseveli.

— De qui réclamerai-je l'hospitalité? » dit le prêtre en se parlant à soi-même; « il est nuit, les maisons sont fermées, je ne connais personne; il y a tant d'Albigeois dans ce pays. »

Le neveu de Timothée repartit : « Je serais charmé de vous recevoir dans mon humble chaumière, vous y serez mal sans doute, mais la cordialité vous y fera bon accueil.

— Allons, mon fils, à la grâce de Dieu,

je ne vous mettrai guère en dépense, car je suis en jeûne perpétuel et je ne couche que sur la paille ; un fagot de branches de saule me servira d'oreiller. » La maison de Jacquelin, petite et modeste, était habitée par lui seul ; il alluma la lampe, offrit au bon prêtre un vieux fauteuil en bois de mélèze recouvert en cuir noir, le seul qu'il y eût dans la chambre et prit pour lui une escabelle qu'il tira de dessous la table ; il voulut laver les pieds à son hôte qui s'y opposa ; il voulut aussi l'engager à renoncer pour ce soir à son abstinence accoutumée; mais l'homme de Dieu fut inflexible et ne mangea qu'un morceau de pain et une poignée de noix, but de l'eau, puis, après avoir fait la prière en commun, alla s'étendre dans un coin de la chambre, enveloppé dans une couverture de laine, sur le lit qu'à l'avance il avait commandé. Les étoiles, par leur position respective, annonçaient onze heures. Cinq coups furent frappés à la porte de la maison de Jacquelin; quoiqu'il les eût entendus, il ne répondit point. Quatre coups moins forts les suivirent peu après, et, le même silence ayant continué, on heurta trois fois, puis deux, et une enfin, mais celle-ci tellement prolongée que Jacquelin en demeura ému.

« Ouvrez, » dit le prêtre; « c'est une manière bien singulière de frapper.

— Les voleurs sont en si grand nombre dans la contrée, » répondit Jacquelin, « et il est si tard, qu'il faut bien voir qui nous arrive si inopinément; » et en disant ces mots il fit jouer le contrevent de la fenêtre. Les rayons de la lune lui firent apercevoir un homme qu'il crut reconnaître pour l'Arragonais de tantôt; il portait dans ses bras une femme qui paraissait évanouie.

« C'est le diable ou son représentant, » dit Jacquelin s'adressant au prêtre.

« Est-il seul ?

— Non, il tient une femme qui me semble malade.

— Une bonne action à faire, » repartit l'abbé, « et Dieu vous en tiendra compte. »

Jacquelin alluma sa lampe et descendit.

« Est-ce la peur ou la paresse, qui vous empêche de répondre à l'appel des pauvres voyageurs ? » dit l'étranger, sans faire mine de reconnaître qu'il venait à lui; « vous autres bons catholiques achevez l'œuvre de charité que je commence ; cette femme vient de tomber à mes pieds, et en vérité je crains qu'elle n'ait chuté du ciel. » En disant ainsi, il entra dans le logis, au grand chagrin du maître, qui ne voyait rien de bien clair dans ce récit. La femme fut posée sur le lit de Jacquelin; l'Arragonais, sans rien dire, quitta la chambre, descendit précipitamment l'escalier et s'éloigna.

Le prêtre, qui couchait tout habillé, s'était relevé, et comme il se disait expert physicien, il assura qu'il retirerait cette créature évanouie de l'état d'immobilité où elle se trouvait.

Mais, à sa terreur complète et à celle plus inexprimable encore de Jacquelin, tous les deux reconnurent que l'évanouissement prétendu était une mort réelle, et, en l'examinant avec plus de soin, Jacquelin vit en elle la femme d'un de ses amis qu'on avait enterrée la veille.

Le pauvre villageois, consterné et lui-même à demi-mort, expirant, compta ce qu'il savait sur ce point, et, se mettant à genoux, demanda au prêtre de le sauver; jamais il n'expliquerait à ses concitoyens le fait d'une manière qui pût leur paraître vraisemblable; il passerait pour un magicien sacrilége, pour un déterreur de chrétiens, et le bûcher serait sans doute le sort qui lui serait réservé.

Le prêtre l'écouta attentivement, et, après avoir réfléchi sur ce qu'il avait à faire, convint que le meilleur parti serait de rapporter sur-le-champ au cimetière le cadavre qu'on en avait enlevé; la terre devait être nouvellement remuée, et il serait donc facile de remettre le corps et de déjouer la malice abominable de celui qui avait joué ce tour affreux.

Jacquelin l'approuve de tout son cœur; mais il se sentait incapable de reporter seul cette femme au cimetière, et d'aller, sans aide, affronter les nocturnes apparitions; il en fit l'aveu à son hôte, qui consentit à l'accompagner. Ils enveloppèrent de nouveau le corps dans le linceul mortuaire qui lui servait de vêtement unique jusqu'à ce moment-là; la nuit avait été brillante; la lune, suivie de son cortége d'étoiles, répandait une douce clarté qui suppléait presqu'à remplacer le jour; mais, à l'instant où le cortége funèbre sortit de l'humble demeure de Jacquelin, il se fit un changement soudain dans l'atmosphère; on entendit s'élever, du côté de Limoux, le Sers impétueux, aigre et discordant, qui, chassant devant lui des nuées obscures, bientôt assombrit la face chancelante du ciel. L'habitant d'Alet s'en félicita, car il y avait loin encore de son logis au cimetière, et bien que l'heure fût indue, il redoutait quelque rencontre fâcheuse. Personne ne se montra devant eux; ils atteignirent le champ du repos, comme l'on dit aujourd'hui, et y pénétrèrent à la faveur d'une brèche que le temps avait ouverte dans la muraille qui l'environnait. Il fallait chercher la place où naguère reposait le cadavre si sacrilégement arraché à son cercueil, et ce travail se présentait lent et pénible.

L'ouragan continuait à croître ; d'étranges voix sifflaient dans l'air, et de sourds gémissements leur répondaient du sein de la terre : par trois fois celle-ci sembla tressaillir sous les pas des deux chrétiens qui la heurtaient ; la pluie ne tombait pas encore ; mais de larges gouttes d'eau détachées des nuages que le vent emportait dans l'espace venaient fouetter la figure de Jacquelin et de son compagnon.

Il y eut un instant de relâche, et, dans ce moment l'horloge de l'église paroissiale frappa minuit ; au même instant, un éclair livide et prolongé illumina le plus terrible spectacle. Du sein de chaque tombe se levaient à la fois plusieurs cadavres, les uns squelettes complets, les autres revêtus encore de ces formes qu'ils avaient sur la terre, tous se drapant d'une manière bizarre avec le linceul qui les enveloppait : ils commencèrent par une procession lente et lourde tout à l'entour de la croix qui s'élevait au milieu du cimetière. Il fallait les entendre mêler leurs psalmodies ralenties aux détonnations furieuses de la foudre, et aux cris déchirants du Sers courroucé. Dix mille trépassés, tous différents de sexe, d'âge, de fortune, de naissance et de rang s'entrelaçaient ensemble, se séparaient, formant déjà des quadrilles bizarres et dégoûtants. Tout à coup mille et mille feux, ou bleus, ou verts, ou violets, qui pétillaient, sautillaient, frémissaient, formèrent la triste illumination de cette fête sans gaîté ; jamais ni les yeux ni les oreilles des hommes n'auraient pu, sans une permission de Dieu, assister à une fête aussi épouvantable.

Le pauvre Jacquelin était tombé sur le

gazon, à côté du cadavre qui, subitement échappé de ses mains, avait couru rejoindre ses camarades. Lui, haletant, oppressé, tremblant, cherchant de ses mains celles du prêtre, comme pour puiser de nouvelles forces dans ce contact religieux, et l'humble ecclésiastique, tranquille au milieu de cette double tourmente, priait à voix basse celui qu'on n'implore jamais en vain, et paraissait soutenu d'un courage surnaturel; saisissant l'épouvanté Jacquelin, l'aidant à marcher, il le traîna plutôt qu'il ne le conduisit à quelque distance, sous le porche d'une chapelle qui s'élevait à l'un des angles de ce lieu redouté; là il s'assit à côté de lui sur un banc de marbre, et par la permission du Très-Haut, Jacquelin put voir ce que jamais homme n'avait vu, et ce qu'aucun devait voir après.

Les morts cependant commençaient le

grand *branle*, animé par une musique sans pareille : c'étaient douze cents squelettes, qui tordaient dans leurs mains des serpents gigantesques, à qui la souffrance arrachait d'épouvantables sifflements; quatre cents autres, étouffant dans leurs bras puissants des ours d'une taille démesurée, formaient la basse-taille de cette terrible harmonie. Dans une enceinte formée de bières, sur lesquelles retombaient en draperies les poêles funèbres et qu'illuminaient des phosphores diversement colorés; là, dis-je, chaque mort, donnant et recevant la main de deux autres morts, se mit à danser le branle. Il fallait les voir s'agiter, aller, venir, tourner rapidement, se heurter, se choquer avec un cliquetis d'os qui faisait frémir jusqu'aux esprits célestes qui, dans ce moment, traversaient les airs. Oh! quels transports! quelle effrayante joie! quel délire abominable! que cette fête était hideuse, et ce branle exécrable à voir! et puis la foudre, à coups pressés, en détonnations impétueuses et rudement cascadées, roulait, grondait, tonnait, répétée mille et millions de fois par les échos des montagnes voisines. Des éclairs verdâtres et blanchâtres faisaient pâlir les lueurs phosphoriques, et quand ils s'éteignaient, tout restait dans une obscurité qui faisait frémir.

Jacquelin éperdu, ne sachant s'il appartenait ou non à ce monde, contemplait, d'un regard stupide, la scène sans pareille dont il était le témoin. En ce moment, parut à côté de lui le malicieux Arragonais qui, lui frappant sur l'épaule, de manière à le faire tressaillir, lui dit :

« Eh bien! l'ami, que te semble du spectacle que je t'ai procuré?

— Qui que vous soyez, » répondit Jacquelin d'une voix tremblante et assourdie, «n'est-ce pas assez vous jouer de nous, et ne pourrions-nous regagner en paix ma maison abandonnée?

— Bon,» répliqua l'Arragonais en riant de son sourire diabolique, «je me figurais que tu serais charmé d'ouvrir le bal avec l'aimable compagne que je t'avais procurée!...»

Jacquelin, à ces mots, sentit un frisson glacé qui fit vibrer tous ses nerfs, des pieds à la tête, et, portant autour de soi un regard de douleur et de consternation, il craignit de voir venir à lui ce cadavre infect dont on le menaçait : sa terreur n'était pas vaine; car, du milieu d'un groupe de trépassés, s'avançait vers lui cette vision détestable; déjà elle approchait de manière à ce qu'il en sentît l'odeur repoussante et cadavéreuse, lorsque le prêtre, lassé de sa propre patience à supporter ce spectacle infernal, étendit la main aux doigts consacrés qui porte tous les jours le corps adorable du Sauveur : il en sortit une flamme brillante et chargée d'étincelles qui, partant avec impétuosité, allèrent frapper le cadavre impur avec tant de violence, qu'il en poussa d'horribles cris et qu'il se recula précipitamment.

L'Arragonais, à cette manifestation d'une puissance qu'il ne soupçonnait pas, jeta sur le saint prêtre un regard de fureur ; son regard lui fut rendu avec tant de hauteur et de fierté, qu'à son tour il se sentit lui-même abattu ; mais, ne voulant point céder la victoire, il fit un signe, et des tableaux plus effrayants que ceux qui jusque-là avaient accablé Jacquelin se montrèrent en foule sous tous les aspects possibles : c'était un mélange de tout ce que les enfers et le centre de la terre peuvent produire de plus infame et de plus effrayant. Jamais prodiges pareils ne s'étaient présentés encore : tout ce que la débauche la plus effrénée peut inspirer à des trépassés, tout ce que le souvenir déchirant de l'impénitence finale enfante dans l'ame des démons se réunissait et se confondait pour achever d'accabler Jacquelin. Mais le prêtre, lassé dans sa patience, se levant, tendit de nouveau sa main puissante, en disant :

« C'est assez ! »

Soudain un coup de tonnerre semblable à celui qui retentira pour briser les quatre continents au jour fatal de l'anéantissement des mondes éclata sur le cimetière qu'il inonda d'éclairs. Jacquelin se laissa choir la face contre terre, et quand il se releva, tout avait disparu. La nuit profonde s'étendait sur ce lieu où naguère luisaient tant de lumières discordantes où le repos régnait. Dans ce moment, d'un côté, il vit un être lumineux, couronné d'étoiles radieuses; une longue tunique blanche et semée de diamants scintillants formait sa parure; des ailes nuancées de mille couleurs annonçaient son origine céleste; de l'autre, un monstre hideux et effrayant rampant contre terre; ces deux personnages étaient son ange gardien et Satan; Satan vaincu et chargé de chaînes.

« Misérable, » lui dit l'ange d'une voix éclatante et sonore, «tu n'as pas craint de lasser ma patience; va, maudit, au feu éternel où tu dois brûler sans terme; et toi, brave chrétien qui, sans me connaître, m'as accordé l'hospitalité, tu recevras dans un mois la récompense que je te destine. »

Un gouffre s'ouvrit, au milieu duquel Satan disparut, en poussant des rugissements atroces. L'ange, déployant ses ailes, monta vers sa patrie lumineuse; et, un mois après, les habitants d'Alet accompagnèrent le cadavre de Jacquelin à sa dernière demeure, car la récompense des vertus ne peut être complète sur la terre; c'est dans le ciel que l'homme pieux va la recevoir.

Un récit de M. de Saint-Germain.

C'était à Choisy : madame de Pompadour, souffrante, était allongée sur une ottomane : le roi, assis vis à vis d'elle; madame la maréchale de Mirepoix, au milieu, sur un tabouret, et le comte de Saint-Germain, debout, appuyé contre la cheminée.

« Vous avez donc vu des choses bien extraordinaires, » disait la favorite ; « vous devriez bien nous raconter une aventure qui ne ressemblât à rien.

— Cela me sera bien facile, » répondit-il ; « pourvu que cela convienne à Sa Majesté ?

— Eh ! monsieur le comte, amusez-nous, je ne demande pas mieux, » dit le roi de France, qui se mourait d'ennui, et qui, par politesse, déguisait ses envies de bâiller.

Le comte alors prenant la parole :

« Je voyageais dans le midi de la France ; j'allais visiter le marquis de Champbonas, dans son château de Saint-Félix, alors baronnie des États du Languedoc : j'y trouvai un homme entre deux âges, pâle, triste et toujours rêveur : l'esprit ne lui manquait point, lorsqu'il daignait en avoir ; son excessive mélancolie ne le lui permettait pas toujours. Ses manières étaient celles d'un homme du grand monde ; et je ne sais pourquoi je lui portais un intérêt réel. Je suis peu écrivain de mon naturel, et cela parce que j'ai trop vu. Deux ou trois jours s'coulèrent, au bout desquels je m'avisai de demander au marquis de Champbonas quel était ce morose seigneur.

« Un homme malheureux, » me répondit-il, « un fat, sans doute, car il est poursuivi d'une vision bien ridicule. »

Le propre des hommes est de douter de ce qu'ils ne peuvent comprendre, et de ne croire que ce qu'ils savent voir. Je ne suis pas de ce temps-là, et avant d'accorder à cet étranger son brevet de monomanie, je voulais le questionner et causer avec lui. Je ne pus d'abord obtenir sa confiance ; il n'était pas de ceux qui jettent à la tête des premiers venus : aussi trouvait-on dans sa réserve un motif de se moquer de lui. Je mis de l'insistance, et il finit par concevoir que je pouvais lui être utile; alors il me révéla son secret.

Le comte Grimani, l'un des souverains possesseurs de fiefs impériaux dans la Haute-Italie, aimait à se promener solitairement dans les lieux écartés : souvent il portait ses pas soit sur les montagnes élevées, soit dans la profondeur des abîmes, et maintes fois il allait s'asseoir sur une pierre sépulcrale dans quelque cimetière isolé.

Une nuit qu'il avait choisi ce dernier but de promenade, il se reposa sur un débris d'ancien tombeau, et là, se perdant en mille réflexions chimériques et bizarres, il se demanda ce qu'il éprouverait si la terre, venant à s'ouvrir, laissait apparaître devant ses yeux quelque fille du cercueil dont le cœur, maintenant glacé, aurait autrefois battu d'amour.

Dans ce moment il vit, à quelque distance de lui, une jeune personne vêtue de blanc, belle, mais pâle ; une couronne de roses blanches entourait son front virginal et couvrait ses cheveux noirs : elle vint à lui, marchant légèrement, et lui demanda quel chemin il fallait suivre pour arriver au village voisin.

Grimani, surpris d'une beauté aussi extraordinaire, et de la rencontre plus singulière encore, hésita sur ce qu'il avait à répondre ; incertain qu'il était si ses yeux voyaient une apparition, ou bien si c'était une fille de la campagne qui s'offrait à lui : elle renouvela sa question, et lui demanda d'où elle venait.

« D'ici près, » répondit-elle.

« Et vous ne craignez point, la nuit, les voleurs ou les esprits ?

— Je ne redoute, » dit-elle, « que la sévérité des jugements de Dieu. » Il se leva alors et lui proposa de la conduire ; mais elle, secouant la tête, s'y refusa d'abord. Il insista, pria, pressa et fit si bien qu'elle lui abandonna mollement son bras, et ils cheminèrent de compagnie. La route était longue, les sentiers difficiles, la nuit obscure, et le temps qui s'écoula permit à Grimani de faire un doux aveu et d'en solliciter l'heureuse réponse.

« Eh bien ! » dit la jeune fille, « prenez ma bague et donnez-moi la vôtre, et jurons que notre amour durera tant que l'anneau restera attaché à notre doigt. »

Quand on est jeune et impétueux, les sermens sont faciles. Grimani fit le sien presqu'en riant; la jeune fille y mit une solennité remarquable. Un baiser fut pris et rendu; mais Grimani frissonna parce que ses lèvres, en se reposant sur celles de la jeune fille, les trouvèrent froides comme la glace et immobiles comme la mort.

« A demain, » dit-elle, « à demain!
— Où? » demande Grimani.

« Qu'importe? » répond la jeune fille, « nous nous retrouverons toujours; » et aussitôt elle s'éloigna d'une course si rapide, que l'Italien ne put la suivre et qu'elle disparut parmi l'obscurité.

Grimani s'en retourna d'un pas lent et mélancolique, rêvant à ce qu'il avait vu et à ce qu'il avait entendu, et ne pouvant se démêler de l'étrangeté de la scène dont il avait été un des deux auteurs. Parfois il se figurait avoir vu sortir du sein de la terre cette créature si fantastique dans sa beauté, comme si elle eût répondu, par la force d'une puissance supérieure, au désir secret qu'il avait formé; alors il frémissait avec horreur et s'étonnait d'avoir pu supporter l'aspect de ce cadavre ranimé, et plus encore d'avoir échangé avec lui la bague d'éternelle alliance; d'autres fois, s'indignant de sa faiblesse, riant de ce qui frappait son imagination, il se figurait que quelque jolie et séduisante courtisane, postée par un fripon adroit, avait joué ce rôle difficile avec talent et rare bonheur.

Il revint, ai-je dit, chez lui, peu content de sa soirée; car il eût souhaité davantage sans trop savoir cependant ce qu'il eût voulu.

Mais, se demandait-il, où la rencontrerai-je? nous ne nous sommes pas donné de rendez-vous. Faudra-t-il revenir dans le cimetière que j'ai maintenant en détestation? Sera-ce d'ailleurs en plein jour, le soir, à minuit, au lever de l'aurore, dans le village, sur la colline, au fond du bois prochain, chez moi, chez elle? La sotte, la folle aventure!... Certainement, je ne m'en occuperai plus, j'attendrai et nous verrons.

La journée suivante s'écoula, et, lorsque la nuit approchait, il fut tout surpris de voir entrer son premier valet de chambre qui lui rappela que, ce soir même, il avait promis au duc de Frégose de souper chez lui : ceci jeta Grimani dans un embarras complet. S'il allait à cette partie de plaisir, que deviendrait la jeune fille si elle allait le chercher au cimetière ; mais, d'une autre part, les devoirs du monde sont impérieux, et l'on ne se brouillait pas en vain avec le superbe Frégose. Va donc pour le souper : aussi bien est-il impossible que cette belle créature consente deux fois à courir les chances, à cette heure et aux hasards, d'une vilaine nuit ; la soirée, la société était nombreuse et brillante dans le palais Frégose ; cinq cents bougies illuminaient la salle du festin ; les chœurs de musique, se répondant l'un à l'autre, unissaient leurs mélodies enchanteresses ; les émanations des parfums d'Asie, l'odeur balsamique des fleurs de la contrée, tout se réunissait pour bercer mollement l'ame et lui inspirer des pensées de joie et de bonheur.

Sur ces entrefaites, minuit sonna ; un bruit extraordinaire, aigu, retentissant, frappa l'oreille des convives; les instruments s'arrêtèrent d'un commun accord et simultanément; au milieu de la salle, à deux pas de Grimani, une femme apparut : rieuse, belle, c'était l'étrangère, pâle comme la veille, comme la veille, couronnée de roses blanches. « Mon bien-aimé, » dit-elle, « je suis exacte au rendez-vous ; me voici. » Ces mots furent prononcés d'une voix si douce et néanmoins si distincte, que Grimani n'en perdit aucun ; mais il fut seul à les entendre. Le concert avait continué, et les convives, qui ne voyaient rien, avaient recommencé à se livrer aux délices du vin et de la bonne chère.

Grimani, hors de lui-même, terrifié, regardait avec épouvante cette apparition extraordinaire ; mais sa bouche glacée ne pouvant pousser aucun son :

« Viens, » lui dit l'étrangère, « ce lieu ne convient pas à ton épouse ; cette allégresse me fait mal ; viens, mon bien-aimé ; nous trouverons, hors des portes de la ville, un lieu plus propre à nous recevoir ; viens, je t'en conjure. »

Et, en même temps, de sa main blanche et glacée, elle saisit la main brûlante de Grimani qui, se levant éperdu, suivit sans résistance l'être surnaturel qui agissait ainsi sur sa volonté : tous deux sortirent du palais, traversèrent rapidement la ville, dépassèrent le rempart et atteignirent un cimetière voisin. Là, s'asseyant sur une pierre tumulaire, la jeune épouse appela son époux, et jusqu'au coup d'une heure du matin ils s'abandonnèrent à cette ivresse d'amour qui égare plus encore que celle des festins.

A une heure donc, l'étrangère, donnant un baiser froid à Grimani, le rendit à lui-même; ses yeux se dessillèrent, et il demeura surpris de se trouver la nuit, aussi avancée, dans un lieu pareil, tandis que, naguère, il était assis à table au milieu de ses amis; peu à peu ses idées reprenant leur cours ordinaire, il se rappela ce qui s'était passé, en frémit et se hâta de fuir, ne sachant plus ce qu'il devait faire, et s'il continuait à être le jouet d'une illusion ou la victime d'une cruelle réalité.

Il rentra au palais Frégose : nul ne s'était aperçu de son absence, et lui-même, quand il en sortit, put croire qu'il avait rêvé tout ce qu'il avait vu et qui l'avait tant agité.

Un autre jour encore s'écoula; cette fois, le marquis, fatigué, se coucha de bonne heure, espérant que le sommeil le délivrerait de ses visions. Mais, à minuit, on heurta par cinq fois à la porte de sa chambre; il s'éveilla; la porte s'ouvrit, des pas légers se firent entendre, on vint à son lit, on souleva la couverture, et un corps charmant et froid comme la glace s'étendit auprès de lui.

« Mon ami, » dit la voix qu'il connaissait trop bien, « je te suis fidèle; chaque nuit, je quitterai ma demeure ordinaire et je viendrai près de toi. Tu l'as voulu volontairement cet hymen qui nous unit ensemble; tu es à moi, je suis à toi, et le tombeau même qui finit toute tendresse ne disjoindra pas la nôtre. »

A ces paroles fatales, Grimani, éperdu, veut s'élancer hors de sa couche profanée; mais une puissance supérieure l'y retient, et, pendant une heure, le livre à toutes les angoisses de la terreur et du désespoir :

« Ce n'est qu'un cauchemar, il me semble;

mais il est horrible, odieux surtout : il effraie, il écrase. »

Il ne voit plus comment il pourra s'en garantir ; l'heure s'écoule, et, comme l'avant-veille et comme la nuit dernière, un baiser froid annonça l'instant de sa délivrance. Le fantôme qui l'obsède s'éloigne, et il peut enfin respirer.

Dès que l'aube a blanchi le ciel, Grimani se lève et va consulter les médecins ; tous lui prescrivent un régime qui lui procure la croyance qu'ils ont de sa folie, et un reste d'amour-propre l'empêche d'avoir recours aux ministres de la religion.

Oh ! pour le soir prochain, il ne le passera pas dans la solitude. Les plus jolies courtisanes de Gênes, ses amis les plus chers prendront part à une orgie qui rappellera les bacchanales de l'antiquité : en effet, dès que la nuit arrive, une multitude de flambeaux ramènent l'éclat du jour dans les appartements ornés avec goût et magnificence ; les cristaux sous toutes les formes ; les guirlandes de fleurs de toutes façons et de toutes couleurs, les arbustes odoriférants, les draperies somptueuses de soie et de velours, des vases d'or et d'argent, des glaces sans nombre qui répètent de toutes façons les objets, la foule des valets revêtus de livrées élégantes et somptueuses ont fait du palais Grimani un séjour enchanté : dans chaque salle, une décoration nouvelle frappe les yeux ; des chœurs de voix, des symphonies ravissantes se font entendre çà et là ; partout on rit, on chante, on danse, on s'amuse ; vingt buffets sont chargés de mets rares et de flacons d'un vin généreux. Il n'est tête assez calme pour résister à tant de séductions ; il n'est pas de chagrin qu'on n'oublie dans ces variétés de plaisirs ; et Grimani lui-même se figure qu'il ne se ressouvient plus de son mariage infernal. Minuit sonne, les portes s'ouvrent avec fracas, et la voix des valets de chambre, se répétant de salle en salle, annonce la princesse Ortorinska. Qui est-elle? se demanda-t-on ; tous l'ignorent. Elle entre : qu'elle est divine ! quelle riche parure ! quel goût exquis ! c'est une noble étrangère, elle vient de Paris, elle va à Rome : l'ambassadeur de Naples près la cour de Versailles la recommande au noble Grimani ; une lettre qu'elle présente au moins l'annonce. Mais Grimani seul voit de la réalité : cette femme que les fourrures, les riches étoffes, les diamants décorent, se montre à lui seul avec sa simple robe, sa couronne de roses blanches et son effrayante pâleur. C'est le fantôme qui le poursuit ; il le regarde avec des yeux éteints qui l'effraient, avec un horrible sourire, il rôde autour de lui, empoisonne pour lui tous les délices de la fête; et lorsqu'une heure du matin a sonné, il le souille du baiser fatal qui finit son supplice, et l'élégante princesse polonaise, si vive, si gracieuse pour tous les autres, se retire en promettant de revenir bientôt à Gênes; elle ne reparut, car c'était la vision funeste. La nuit suivante, elle trouva un nouveau moyen pour s'introduire auprès de Grimani qui, en passant la nuit à travailler avec le doge, s'était imaginé que l'apparition n'oserait point franchir le palais de l'État : elle s'y présenta pareillement, et chaque fois que minuit sonnait, ce furent les mêmes scènes qui se renouvelèrent.

Le comte Grimani succombait insensiblement sous les coups du désespoir qui le dévorait; la vie, la fortune, l'amour, tout était sans charmes pour lui; il se voyait une existence affreuse que les fantômes tracasseraient toujours.

Je voyageais et la destinée me conduisit à Gênes. J'avais des lettres pour le comte de Grimani, et déjà lui-même je l'avais vu à Rome et à Venise : c'était alors un jeune et brillant seigneur, beau par excellence et aimable à proportion. Maintenant quelle différence! Déjà, dès que j'eus mis le pied dans son palais, je ne vis autour de moi que des figures soucieuses et tristes, mélancoliques comme celle de leur maître; lui-même pâle, hâve, vêtu de noir, sans aucune de ces vivacités d'autrefois, sans enthousiasme dans le caractère; il terminait ses jours en proie à une mélancolie dont aucune consolation ne pouvait le tirer. Il vint à moi, les yeux hagards, la bouche brûlante ; je trouvai, à ses mains qu'il me tendait, cette sécheresse du tombeau, signe certain qu'on y descendra sous peu ; je m'étonnai de cette maladie fatale et cruelle ; je lui en demandai la cause, il se tut et soupira; je le pressai, il se refusa long-temps à me satisfaire; mais enfin, vaincu par mes importunités et se trouvant seul avec moi, il cacha en gémissant sa tête sur mon sein, et m'avoua le désespoir des damnés qu'il éprouvait à la pensée de l'exécrable et fantastique mariage auquel il avait consenti.

Je l'écoutai gravement, le fait en valait la peine; je lui fis quelques questions, il y répondit avec franchise; j'en augmentai le nombre, et il me satisfit sur tous les points.

Je lui dis alors : Votre cas est particulier, mais n'est point irrévocable; c'était pendant la nuit et dans un cimetière que cette jeune fille vous a apparu, elle vous a trompé en vous déguisant sa situation véritable; dès lors vous pouvez revenir sur votre parole engagée : cela sera difficile, mais j'espère que nous y parviendrons. Cette nuit, préparez-vous à la passer seul, non point dans votre chambre, mais dans la mienne ; vous y serez défendu contre des illusions décevantes, et les prestiges de l'enfer n'y pénétreront point. Pendant ce temps, j'irai occuper votre place dans votre appartement. Là, j'attendrai ce qui se présentera ; je verrai, j'interrogerai, et, mieux éclairé après cette entrevue, je déterminerai votre mode de réhabilitation.

Le comte Grimani, plus je m'avançais à lui promettre encore le repos et le bonheur et plus il se trouvait étonné qu'il fût possible de le soulager de sa peine. J'eus lieu d'être content de sa docilité : il vint, comme je l'ai dit, dans ma chambre ; je le plaçai dans un cercle cinq fois répété, et moi-même, muni des ingrédients et des talismans nécessaires à l'opération magique, j'allai processionnellement vers sa chambre, dont je me fis ouvrir les portes avec cérémonie. J'entrai sans regarder à droite ni à gauche, je saluai les intelligences célestes, et, me prosternant devant un prie-dieu que j'avais fait apporter, j'attendis, non sans inquiétudes, l'effet des sortiléges que j'avais entrepris. Les miens, du moins, avaient un but légitime, et ne tendaient pas à faire des malheureux. Au coup de minuit, la porte s'ouvrit comme à l'ordinaire, et j'entendis venir à moi la femme mystérieuse dont l'alliance était si désespérante au malheureux Grimani. Dès qu'elle m'eut aperçu, au lieu de s'avancer, suivant son usage, elle s'arrêta, me regarda avec effroi, et je vis que ses yeux atones demandaient des yeux celui qu'elle ne devait plus revoir que dégagé de ses liens.

« Que cherches-tu ici ? » lui demandai-je.

« Mon seigneur, mon époux, » répondit-elle.

« Es-tu réellement sa femme ?

— Oui je la suis.

— Où t'a-t-il donc épousé?

— En présence de la nature et sur les pierres sépulcrales de ses aïeux; si tu doutes de ce que j'avance, tous les morts du cimetière se leveront pour l'attester.

— Cet hymen, » repartis-je, « déplaît à la Divinité, il est le fruit de la ruse; lorsque Grimani demandait une épouse, était-ce charogne pourrie qu'il réclamait? C'était une femme de la terre et qui pût encore vivre d'âge d'homme avec lui.

— Il est pourtant mon seigneur et mon mari; son doigt porte ma bague nuptiale, et la sienne repose au mien.

— Eh bien!» dis-je froidement, «il te la rendra, et tout sera fini; » je poursuivis : « De par ce nom terrible que le sage et l'adepte n'osent ni écrire, ni prononcer, je t'adjure, esprit malfaisant, esprit nocturne, esprit de débauches, esprit de haine, de sortir sans retard du palais Grimani ! Demain, à pareille heure, tu te trouveras dans le cimetière, à la place même où cet hymen impie s'est formé, et là, devant qui tu sais qui sera présent, tu feras valoir tes raisons, si tu en as de bonnes, et nous aussi nous nous défendrons. » En disant ces mots, j'étendis ma main droite qui était armée d'un pentacle formidable. Le fantôme, à son aspect, poussa par trois fois un cri lamentable, se recula et disparut dans les profondeurs de la nuit, laissant après lui une odeur si dégoûtante, qu'un mois après encore le palais Grimani n'en était pas désinfecté. Je revins auprès du maître du palais, il était demeuré au milieu des cinq cercles où il priait avec ferveur; je fus à lui, le pris par la main et le relevai en disant : Il n'est que minuit un quart, et votre chambre est cependant délivrée de l'hôte importun qui venait la visiter chaque soir ; demain nous acheverons notre ouvrage et vous pourrez respirer librement.

Le pauvre marquis, sans jamais se lasser, m'accabla de remercîments et de marques de sa reconnaissance ; il rentra dans son appartement qui lui était si détestable, et malgré sa confiance en moi, son œil curieux et souffrant alla du lit à la cheminée, de l'ottomane au prie-dieu ; il ne vit rien de sinistre ; il dut croire à ma puissance, et impatiemment il attendit le jour prochain, qui acheverait de le rendre à la vie et au bonheur.

Je fus le premier qui, le matin, entrai dans sa chambre, et lui m'avoua avoir dormi, ce qui ne lui était pas arrivé depuis longtemps. Il ne voulut pas me quitter pendant le reste de la journée ; nous dînâmes à la même table ; et, à onze heures précises, nous sortîmes de la ville, tous deux déguisés, et nous nous rendîmes dans le cimetière où cette histoire affreuse devait prendre son dénouement. Quand nous y entrâmes, Grimani, me saisissant le bras, me fit remarquer auprès de nous une forme vague et gigantesque qui semblait nous épier.

« C'est, » lui dis-je, « notre juge.

— Je voudrais le voir de près.

— Gardez-vous-en bien, » repartis-je, « car ce souhait exaucé vous conduirait à la mort. » Je fis asseoir Grimani sur la même tombe où il s'était assis autrefois; je l'environnai, pour plus de précaution, d'un triangle protecteur, et nous attendîmes que le temps cheminât.

Minuit enfin sonna; je jetai un regard sur Germani; il ne respirait plus, à peine conservait-il le sentiment de l'existence. Soudain, nous vîmes venir à nous la funeste bergère, dont la tombe était proche de celle où nous reposions ; elle avait eu peu de chemin à faire pour répondre à l'appel premier de Grimani, et quand elle fut près de nous, je fis un signe, et quelqu'un s'approcha pareillement. Alors je recommençai mes accusations. Le fantôme se défendit, mais sa mauvaise foi était manifeste, il avait trompé la vie avec les moyens de la mort. Je sortis aisément, du doigt de Grimani, la bague qu'aucun effort humain n'avait pu arracher jusque-là, je la jetai sur terre et demandai impérieusement que la nôtre nous fût rendue. Le spectre se tordait les bras, il hurlait mélancoliquement, car sa dernière heure était venue ; je le touchai du pentacle où le grand et triple nom est écrit ; la bague du noble Génois roula sur le gazon, et son épouse répudiée ne présenta plus à nos yeux qu'un tas d'ossements brisés et de chairs à moitié pourries. Celui qui était là en juge inexorable s'éloigne; mais le vent occasionné par sa fuite s'était refoulé sur le visage de Grimani; et, à ce terrible contact, Grimani paraissait avoir cessé de vivre..... Il n'en était rien cependant; il revint à lui lorsque j'eus mêlé aux spiritueux et reconfortants terrestres ces cordiaux supérieurs connus des seuls adeptes et dont les effets sont si puissants qu'il rattachent au corps l'âme qui, en apparence, en est déjà séparée : ce furent ceux-là principalement qui retirèrent le noble Génois de sa léthargie mortelle.

Sa reconnaissance n'eut pas de bornes; il fallut néanmoins que, la première nuit après cet évènement, je couchasse dans sa chambre : l'absence de la fatale apparition lui prouva l'énergie des moyens que j'avais employés pour parvenir à sa délivrance.

Cependant Grimani tomba dans une mélancolie morne; je le quittai lorsqu'il s'était livré à de saints exercices de piété; et longtemps après, cinquante ans peut-être, je le retrouvai prêtre et évêque d'une ville d'Italie; il me dit que son entrée dans le sacerdoce avait pu seule calmer sa conscience, qui lui avait interdit tout autre mariage charnel.

La flatterie du Diable.

Dans la ville de Toulouse, en 1485, madame de C*** jouissait de la considération publique qu'elle devait à sa naissance, à sa fortune et à sa beauté... Plus elle avançait en âge, et plus elle paraissait embellir : c'était un prodige que de la voir, et on ne pouvait comprendre comment elle trompait le temps.

Reculons... Le jour où elle allait atteindre sa dix-huitième année, elle se regarda dans son miroir et trouva sa figure tellement insignifiante, qu'elle se prit à pleurer en disant : « Je crois que, si le diable me rendait belle, je me donnerais à lui. » Le lendemain, comme elle allait à la messe, suivie de sa femme de chambre et deux laquais, une pauvre femme l'aborde en lui demandant l'aumône, et comme mademoiselle de P*** ouvrait son aumônière pour lui donner un liard, elle en vit tomber un papier que sa curiosité l'engagea à retenir. Elle entendit peu la messe, tant elle était préoccupée de ce qu'elle allait lire. De retour à l'hôtel de son père, elle se renferma dans sa chambre, où elle trouva ces mots écrits en lettres rouges sur un parchemin de peau humaine : « Si tu as autant de courage que tu peux posséder de beauté, tu laisseras ouverte la fenêtre gauche de ta chambre, de minuit à une heure; sois sans crainte, je n'ai aucun pouvoir de te faire du mal. Satan. » Surprise d'une telle missive et plus encore de la signature, elle regarda la lettre comme une plaisanterie et en eut vraiment du dépit, à tel point elle était avide d'échanger sa physionomie commune et sans expression pour une toute gracieuse et animée. Cette nuit donc, elle ne se coucha pas, et, comme minuit sonnait à l'horloge de la paroisse de Saint-Etienne, elle ouvrit la fenêtre indiquée et se mit à regarder le ciel. Il était sombre, et de fréquents éclairs l'illuminaient; le tonnerre grondait dans le lointain et le vent soufflait avec violence. Il convient de dire que, quoique la chambre ne fût qu'au second étage, l'élévation en était excessive, et qu'il était impossible qu'on pût y arriver du bas de la maison.

Quelques minutes après, et comme mademoiselle de P*** continuait à regarder, elle aperçut, au milieu des nuages, un point bordé d'un rayon de couleur de feu qui descendait rapidement et qui paraissait se diriger vers elle ; étonnée, elle s'inclina par un mouvement involontaire, et tout aussitôt un homme d'une taille colossale et vêtu de rouge sauta de la fenêtre dans la chambre, en disant : « Me voici :

— Qui êtes-vous, » demanda mademoiselle de P***, « sans être trop curieuse ?

— Celui qui t'a écrit, » lui fut-il répondu.

« Parlez-moi avec plus de respect, » reprit-elle, « je suis fille de qualité. »

Satan, car c'était lui-même, confondu de tant d'orgueil, lui répliqua : « Vous êtes digne, en effet, d'être ma reine et celle de tous les miens; je venais ici pour vous commander, mais vous me subjuguez, donnez-moi des ordres, votre esclave les exécutera. » Un propos pareil fit disparaître le mouvement de crainte qui s'était élevé dans l'ame de la jeune Toulousaine; elle examina attentivement celui qui se présentait à elle et lui dit : « Je vous croyais plus laid que vous n'êtes, vous n'êtes pas beau pourtant, mais on vous avait peint à moi comme un monstre.

— Vos prêtres qui me haïssent aussi et ne me connaissent pas, » reprit Satan, « me calomnient; je suis malheureux plus que méchant, je vous assure; et en preuve, c'est que je vous servirai à votre fantaisie, sans vouloir que vous vous donniez à moi. Pour débuter, permettez-moi d'ajouter à vos charmes. Vous vous croyez laide; eh bien! cela n'est pas plus vrai que ma prétendue scélératesse; néanmoins on peut vous embellir; j'en prendrai le soin, et vous serez adorable ; prenez ce sifflet, portez-le un peu à votre cou ; quand vous aurez besoin de moi, soufflez dedans, et je paraîtrai aussitôt. » En même temps, il lui remit une chaîne d'or admirablement travaillée, à laquelle pendait le petit sifflet, qu'il était facile de cacher dans les plis de la robe ; puis il lui donna pareillement deux pots de pommade, l'une pour s'oindre le visage, et l'autre qu'elle emploierait et dont il lui indiquerait l'usage si la fantaisie lui prenait d'aller au sabbat; puis, l'ayant saluée avec toute sorte de vénérations, il remonta sur la fenêtre et disparut. Mademoiselle de P***, loin d'avoir horreur de ce qui venait de se passer, conserva précieusement les cadeaux du diable, et en fit un fréquent usage. Sa beauté, un an après, frappa tous les yeux, il n'en était pas de plus régulière et de plus accomplie. Des partis se présentaient en foule ; on mit presqu'à l'enchère cette magnifique personne. Le très riche M. de C*** obtint la préférence sur ses rivaux, et il se crut heureux ; le mariage fut prospère, plusieurs enfants en naquirent dont la postérité subsiste aujourd'hui. Tout réussissait à cette famille : un cas embarrassant se présentait-il, madame de C*** avait recours à son sifflet; elle appelait le diable, qui venait exactement et qui lui donnait la solution de tout ce qu'elle demandait. Elle, en revanche, la nuit de chaque premier samedi du mois, ne manquait pas de faire une visite à son bien-aimé, comme elle l'appelait, et cette visite avait lieu au sabbat. Trente ans peut-être s'écoulèrent de cette façon-là; madame de C*** s'endurcissait dans son crime, lorsqu'une nuit, comme elle revenait du sabbat qui se tenait, cette fois-là, sur la montagne d'Alaric, proche de Carcassonne, à l'instant où, à cheval sur son manche à balai, elle passait au dessus du couvent des Cordeliers de la grande observance, la cloche, qui était bénite, vint à sonner matines ; à cet aspect sacré, la puissance diabolique qui soutenait en l'air madame de C*** cessa tout à coup, et laissa tomber cette malheureuse de plus de deux cents pieds de hauteur peut-être, sur un gros arbre du jardin des révérends pères, ce qui amortit la violence de la chute ; elle n'en arriva pas moins à terre toute brisée. Aux cris plaintifs qu'elle poussa, on accourut ; elle était là toute nue, les moines en eurent horreur, on la couvrit d'une robe sale de religieux, et, au lieu de la secourir, on se mit à l'exorciser. Elle, en proie à des douleurs intolérables et au lieu de s'amender, ne répondit que par d'affreux blasphèmes. Dans ce moment on vit, sur chaque branche de l'arbre, une multitude innombrable de démoins, tous armés de crocs et prêts à saisir au passage l'ame qui allait s'échapper de sa misérable enveloppe ; cela ne tarda pas. Madame de C*** mourut en poussant un horrible hurlement, et tous les moines affirmèrent qu'ils avaient vu la gent infernale se rejeter mutuellement entre elle cette ame, comme ils l'auraient fait d'un ballon. On trouva dans les papiers de madame de C*** les détails que nous avons donnés de sa première entrevue avec Satan.

Cette histoire, qui semble fausse de tout point, selon les règles de la raison, a toujours eu, à Toulouse, une réputation d'exactitude et de réalité. Les annales de cette ville ont conservé ce fait dans leurs chroniques ; il y est consigné à l'année où il a eu lieu. Je n'ai pas voulu, par égard pour une famille qui a eu des hommes célèbres dans la magistrature, l'Église et les armes, et à laquelle j'ai l'honneur d'être allié; je n'ai pas voulu, dis-je, livrer au public le nom de femme de la dame; mais sur les rives de la Garonne, à la lecture de ce récit, le nom de C*** sera dans toutes les bouches. L'annaliste Germain Lafaille n'a pas eu ma discrétion dans ses deux volumes in-folio, qui contiennent les annales de cette ville célèbre, depuis son origine jusqu'à la mort de Henri IV.

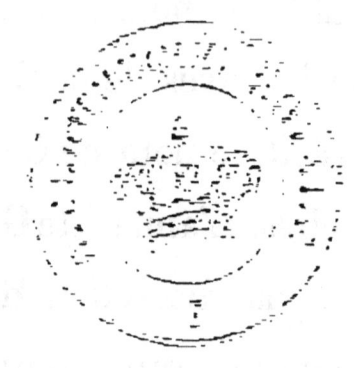

Le Château du Diable.

M. de Tavannes racontait chez moi la disparition bizarre de sa tante, la comtesse de Saulx, qui, une belle nuit, quitta son château, ou fut enlevée, sans qu'on n'en ait jamais retrouvé la trace. Une de ses pantoufles resta en témoignage. La chambre de cette dame n'avait qu'une issue, qui était gardée; les fenêtres en étaient solidement garnies d'énormes barres de fer; tout, en un mot, se réunissait pour ajouter au mystère diabolique de cet envolement; on lança des monitoires, on fouilla les lieux environnants, on étendit les recherches à l'étranger, elles furent vaines.

J'écoutais ce récit avec une attention d'horreur qui me rendait très amusante. Je demandai si les perquisitions avaient été faites dans le château même, dans la chambre, sous le plancher. M. de Tavannes répondit affirmativement à tout; j'en étais hébétée d'épouvante. Alors le comte de Lamothe-Houdancourt, prenant la parole, se mit à dire:

« Je sais quelque chose à peu près de semblable.

— Oh! mon ami, » dis-je, « ne nous le taisez pas!

— Mais je doublerai votre peur!

— N'importe! dites, dites toujours! Cela fait tant de plaisir de se sentir frissonner. »

Ces messieurs se mirent à rire, et pourtant tombèrent d'accord que j'avais raison. Le comte de Lamothe-Houdancourt allait commencer lorsqu'on annonça M. de Fontenelle qui entra *subito*. La présence de celui-ci arrêta celui-là; je souffrais de sa réserve, je lui faisais des signes, lui adressais des regards impérieux, il éludait; et moi, ne pouvant rendormir ma curiosité éveillée :

« Monsieur de Fontenelle, » dis-je, « M. le comte de Lamothe-Houdancourt allait nous faire part d'un récit merveilleux, et il craint maintenant votre haute sagesse.

— Monsieur le comte est injuste! » répondit le vrai sage, « s'il me prive d'un divertissement auquel j'ai toujours été sensible. Ce qui est extraordinaire me charme.

> Si peau d'Ane m'était conté,
> J'y prendrais un plaisir extrême.

Cette réplique, qui répondait tant à mon désir, me charma : la citation était heureuse.

Le comte de Lamothe, ne pouvant pas se refuser à ce qui lui était demandé d'une manière si aimable, entra ainsi dans sa narration :

« L'un de mes ancêtres, et l'aïeul de mon grand-oncle, le duc de Cardonne, maréchal de France, avait marié une de ses sœurs dans le midi de la France. Il y avait plusieurs années qu'il ne l'avait vue, lorsqu'elle lui envoya un exprès, porteur d'une lettre très pressante et conçue en tels termes que M. de Lamothe-Houdancourt, qui se titrait de chevalier Guillaume, ne put s'empêcher de condescendre à la fantaisie de sa sœur, qui tendait à se retrouver avec lui avant de mourir; il se détermina à traverser toute la France. En 1580, ce n'était pas voyage facile.

» A cette époque, les guerres civiles pour cause de religion désolaient le royaume; et il convenait de marcher, ou bien déguisé, ou bien accompagné, si on voulait cheminer sans obstacle ou sans inquiétude. Notre aïeul prit ce dernier parti, il se fit suivre par une trentaine de soldats de son régiment, tous hommes de courage et de zèle.

» Madame de Najac habitait quelquefois Toulouse, patrie de la famille de son mari; mais la plupart du temps, elle restait dans un château sur le revers méridional des montagnes Noires. C'était de ce lieu que sa missive était datée, et elle prévenait son frère qu'elle l'attendrait au château de Ferrals.

Le messager devait servir de guide dès que l'on approcherait du manoir.

» Le chevalier Guillaume, après avoir entendu dévotement la messe dans son fief noble d'Houdancourt, près de Beaumont-sur-Oise, partit bien escorté, ai-je dit, ce qui l'autorisa à déployer sa bannière !

» De Paris, mon aïeul se rendit à Bourges, de Bourges il gagna Clermont, Saint-Flour, Aurillac et Rodez, car il profitait de cette lointaine chevauchée pour visiter des amis dont les seigneuries étaient parsemées çà et là sur la route. Ses rapports agréables, sa haute réputation, sa nombreuse et vaillante escorte, le préservèrent de tout fâcheux accident. On lui fit partout la bienvenue, et catholiques et huguenots cherchèrent, par de bonnes façons, à se procurer son alliance.

» Il s'en alla aux environs d'Albi, entra dans cette ville, et le journal de son voyage, car mon aïeul savait écrire, contient les expressions de son admiration touchant les sublimes peintures qui décorent la cathédrale d'Albi; puis il se rendit à Castres. Il fit ici un assez long séjour au château de Lautrec, chez un des membres de l'illustre famille de ce nom qui y joint celui de Toulouse (1); et lorsque ses gens, ses chevaux et lui-même se furent complétement reposés et rafraîchis, il envoya un exprès, homme du pays, vers sa sœur, pour la prévenir de

---

(1) Ce n'est pas un Lautrec qui a pris le nom de Toulouse, mais un Toulouse qui, par clause de mariage, a accepté en allonge le nom de Lautrec; ceci est incontestable. Au reste, les esprits chagrins, qui, dans leur jalousie ignorante, veulent que MM. de Toulouse-Montfa actuels *ne soient que Lautrec*, ne savent pas le beau refuge qu'ils leur accordent; tout vrai, Lautrec descend en ligne directe de Clovis, et par conséquent est irrécusablement Mérovingien.

sa venue prochaine; et, gardant avec lui le messager qui l'était venu chercher à Houdancourt, il se fit conduire par lui à la ville de Revel, située aux pieds de la montagne Noire.

» Une forte journée de chemin sépare ce gros bourg du château de madame de Najac; et, en partant de très grand matin, on pouvait espérer de franchir la distance qui était de quelques lieues. Mais le chevalier Guillaume, soit qu'il trouvât le vin bon, soit qu'il ne pût aussi vite se séparer de ses amis, au lieu de se mettre en route à la première lueur de l'aube, sortait à peine de Revel lorsque midi sonna.

» Monseigneur, dit respectueusement le guide, monseigneur n'arrivera pas aujourd'hui au château de Ferrals; le passage de la montagne Noire, qu'il faut traverser, est périlleux, et les voleurs et routiers n'y font faute, sans compter...»

» Le guide hésitait à poursuivre. Le chevalier de Lamothe-Houdancourt lui dit :

« Eh bien! qu'est-ce qu'il faut craindre en outre; les gargouilles, malebêtes, loups-garous, tarasques, farfadets?

— De tout un peu,» dit le Languedocien d'un ton qui ne rassura pas le courageux chevalier.

» Vers le soir, et au milieu d'une immense forêt remplie de torrents, de précipices, et où l'on ne voyait plus vestige de sentier ni de trace humaine, le guide s'arrêta soudainement.

« Tu ne sais plus où nous sommes ?» dit le chevalier.

« Hélas! monseigneur, le diable s'en est mêlé; il a troublé mes yeux afin de nous contraindre à l'aller, cette nuit, visiter dans son château; mais cela ne sera pas, une nuit est bientôt passée, nous bivouaquerons...

— Que chantes-tu ?» repartit mon aïeul; «Satan aurait-il par ici une maison de plaisance?

— Sire, la voilà!» dit le guide en montrant, au milieu d'une clairière, un vaste et sombre édifice dont les tours surpassaient en hauteur les arbres de la forêt; «cette demeure maudite inhabitée depuis plusieurs siècles, et où, si l'on entre facilement, on ne sort pas de même!»

» La troupe fit halte; chacun examina le terrible manoir. C'était d'ailleurs une forte et noble habitation. Pendant qu'on le regardait avec curiosité, deux bûcherons passèrent; ils reconnurent le guide et le prévinrent qu'un détachement des troupes du fameux et redoutable capitaine Merle, baron de Salavas, battait l'estrade aux environs;

que ces demi-brigands attaquaient amis et ennemis, et qu'ils étaient en embuscade à une lieue de là.

» En même temps que cette mauvaise nouvelle était donnée à mon aïeul, d'épais nuages couvrirent le ciel, les vents sifflèrent impétueusement, et des gouttes de pluie chaudes et larges laissèrent deviner qu'un orage majeur allait éclater. On décida, malgré les rapports du guide, de passer la nuit dans le *Château du Diable,* où l'on se retrancherait du mieux possible, et où l'on pouvait braver le capitaine Merle. En outre, le guide et les deux bûcherons partiraient sur-le-champ pour aller prévenir la baronne de Najac de l'arrivée de son frère, afin que, de son côté, elle mît sur pied sa gendarmerie pour imposer aux maraudeurs.

» La satisfaction du guide, de n'avoir pas à passer la nuit dans le Château du Diable, fut telle, qu'il en oublia la réputation féroce du capitaine Merle et de ses gens ; il partit, et on se dirigea vers le manoir. Les provisions de bouche ne manquaient pas, la forêt fournirait les aliments, du feu et les matériaux des lits militaires ; on avait des flambeaux de cire jaune, des armes, des munitions de guerre, et quarante militaires bien déterminés se croyaient à l'abri de toute insulte derrière les remparts solides du château.

» On barricada l'entrée du lieu avec des palissades et on se dispersa dans l'intérieur, dont on prit possession. Il n'y avait dans cette enceinte désolée ni créature vivante, ni meubles, à part de gigantesques tables de cuisine et quelques fauteuils tellement massifs qu'on ne les avait pas encore achevé de briser.

» On plaça des sentinelles; on s'installa dans la grande salle, aux proportions démesurées et que soutenaient deux files de colonnes massives pareilles à celles d'une nef de cathédrale.

» Mon aïeul aimait à vivre seul; il s'empara d'une chambre voisine, où il y avait quelques chaises, deux fauteuils, et sur des piédestaux plusieurs statues de pierre dure grossièrement sculptées ; elles représentaient des guerriers, la tête couverte d'un casque à la visière abaissée.

» On apporta trois ou quatre bûches énormes qui garnirent la cheminée béante, aux revêtements colossaux, et garnie de chaque côté d'un banc de pierre sur lequel on pouvait s'asseoir pour se chauffer de plus près ; on alluma les flambeaux de cire, et lorsque leur lumière et la flamme du foyer eurent illuminé la salle, mon aïeul jeta machinalement les yeux sur le chambranle démesuré de la cheminée, et là il reconnut son propre écusson. Une telle découverte le jeta dans un étonnement inexprimable. Comment la chose avait-elle lieu? depuis quelle époque? et quelle famille languedocienne se rattachait à la sienne par le même blason? Il aurait payé cher qui lui aurait fourni l'explication de ce fait. Il se promit bien de faire éclaircir ce point par la baronne de Najac, qui certainement devait en avoir connaissance.

» Depuis une heure, le chevalier était établi dans cette chambre, et les coups de tonnerre qui retentissaient et les hurlements des aquilons déchaînés, et le bruit de la pluie et de la grêle qui tombaient à flots pressés sur le toit du château et aux environs, tout le portait à se féliciter d'avoir si à propos rencontré un asile. Ses gens lui apportèrent son souper, c'étaient un morceau de veau et un lièvre rôti, accompagnés d'un flacon d'excellent vin d'Argenteuil. On posa le tout sur une table en vieux chêne que sa lourdeur avait préservée d'une entière destruction, et on se retira, mon aïeul ayant désiré être seul. Il a dit depuis que ce fut par une impulsion involontaire qu'il donna cet ordre; car, s'il se fût écouté lui-même, il eût plutôt voulu la compagnie de ses écuyers, de son lieutenant et de ses pages.

» Tout son monde l'ayant quitté, il fit le signe de la croix, récita le bénédicité, et à grand'peine, approcha le lourd fauteuil, qui lui servait de siége, de la table où le repas du soir était disposé... Un coup de tonnerre épouvantable retentit dans le château, qui fut rempli du feu vif d'un éclair éblouissant. Le chevalier, malgré son courage, tressaillit et porta la main à la garde de son épée.

» En ce moment, une porte qu'il n'avait pas remarquée s'ouvrit en face de lui; il y porta un regard interrogateur et vit entrer par cette issue un homme avancé en âge que deux valets suivaient. Il s'approcha en ôtant son chaperon par forme de civilité, et, venant auprès du feu, tira le second fauteuil, s'assit sans mot dire; ses serviteurs allèrent prendre place sur l'un des bancs de pierre que j'ai signalés; tous trois quittèrent auparavant d'amples manteaux d'où ruisselait l'eau de la pluie.

» Mon aïeul, surpris, examina de l'œil ces étrangers; le maître lui parut un personnage de haute distinction. Il ne se montrait pas surpris d'avoir trouvé quelqu'un, et celui-ci, de son côté, croyait convenable de ne pas interroger des gens qui, comme lui, étaient là sans doute pour chercher un abri pendant l'orage. Cependant le prudent chevalier songeait avec peine qu'on s'était introduit dans le manoir à l'insu des sentinelles, et dès lors il n'y avait plus de sûreté pour lui.

» Ces idées l'occupaient, mais une fausse honte le retenait; d'autre part, il ne se souciait pas de manifester si vite une sorte de frayeur, et il voulut attendre ce qui adviendrait avant de donner l'éveil à ses gens. Il portait encore sa cuirasse, avait sa bonne épée pendue à son côté, son casque était là tout proche, et à sa ceinture il y avait en outre une dague et deux pistolets de poche, chef-d'œuvre d'un armurier de Paris.

» Les inconnus se chauffaient et toujours sans mot dire; le chevalier crut que la politesse exigeait qu'il fît les honneurs du logis en sa qualité de premier occupant; et, se levant, il s'approcha du vieux monsieur et lui offrit de prendre sa part du souper servi.

« Je remercie très humblement le chevalier de Lamothe-Houdancourt, » repartit le vieillard, « mais je ne peux accepter son invitation ; mes cuisiniers travaillent et avant peu j'espère que l'on songera à mettre le couvert.

— Monsieur, qui me connaissez et envers qui je ne peux jouir du même avantage, vous n'êtes donc pas arrivé de tout à l'heure ?

— Non, chevalier, je suis chez moi et enchanté de vous en faire les honneurs.

— Quoi! vous êtes chez vous?» dit mon aïeul en tressaillant, « et on prétend inhabitée cette maison que l'on nomme le Château du Diable.

— Elle est mienne, c'est tout ce que je peux répondre.

— Vous la laissez en pauvre état.

—Oh! non pas dans toutes ses parties; j'avoue que celle-ci, que la salle voisine, que les corps-de-logis avoisinant la porte majeure sont un peu abandonnés; mais si vous voulez me suivre, je vous montrerai des appartements dignes de recevoir mon cousin, le chevalier de Lamothe-Houdancourt.

— Parbleu ! seigneur châtelain, je vous suivrai... »

» Mon aïeul allait ajouter : *jusqu'aux enfers,* il se retint et dit à la fin de cette phrase :

« ... Partout où un chrétien peut aller : d'ailleurs, si je suis ici en famille...

— A quoi ressemble cet écusson ? » dit l'inconnu en touchant d'une main pâle et sèche les armoiries sculptées sur le manteau de la cheminée.

« Au mien, monsieur... ; et sans doute vous avez le droit de vous en parer ?

— Je l'ai reçu de mes pères.

— Et vous le transmettrez à vos descendants ? »

» L'inconnu frissonna, ses lèvres déjà blanches achevèrent de blêmir ; il alluma un peu plus le feu farouche de son regard, et dit :

« ... Je ne vous ai pas questionné. »

» Cette réplique amère déplut à mon aïeul; il garda le silence ; puis, se rappelant que son souper se refroidissait, il renouvela l'invitation de le partager; mais l'inconnu :

« Conviendrait-il que dans *mon château* (il appuya sur ces mots) je souffrisse qu'un voyageur fournît à mes besoins ? Je vous le répète, mon cousin, suivez-moi, si la bravoure de nos ancêtres n'est pas morte en vous.

— Morbleu! » s'écria le chevalier, et cette fois oubliant sa prudence, « je vous suivrai jusqu'aux enfers! et vous verrez là si je suis de mon sang oui ou non, vous qui prétendez en être. »

» Une joie maligne anima momentanément la physionomie froide et mélancolique de l'inconnu : il se leva, ses deux valets le précédèrent, son hôte passa le premier la porte par laquelle il était apparu, et, en ayant franchi le seuil, fit signe au chevalier de le suivre. Celui-ci marcha droit à l'inconnu qui poursuivit son chemin.

» Dès que le chevalier fut entré dans cette pièce, il demeura frappé de la magnificence de son ameublement ; des bougies sans nombre l'éclairaient ; il y avait plusieurs autres salles, des galeries, et chacune variée dans sa décoration et dans son luxe extraordinaires, le tout illuminé et préparé comme pour une fête magnifique. Mon aïeul allait de surprise en surprise.

» Alors l'inconnu, soulevant une portière, lui laissa voir une galerie aux proportions gigantesques; la voûte, les murs, le plancher étaient d'une couleur rouge ardent : on aurait dit des flammes solides. Là était une table immense et, assise autour, une société nombreuse; c'étaient de graves châtelains, tous d'âges différents, richement vêtus d'habits de divers temps et de modes variées; quelques uns portaient, brodé sur leur cotte de mailles ou sur leurs robes, l'écusson de Lamothe-Houdancourt.

» Cette salle resplendissait de l'éclat des pierreries, des colonnes d'or, des écharpes de drap d'argent qui en formaient la décoration; le tout se détachant, ai-je dit, sur cette couleur flamboyante et formidable du fond; une odeur désagréable s'en exhalait. Mon aïeul sentit une chaleur extrême lorsqu'il fut arrivé à la porte, et là il s'arrêta.

« Avancez! » lui cria son guide.

« Non, de par Dieu! » dit-il, « je ne le ferai. Où suis-je ?

— Que vous importe? venez; la chère est exquise; ces seigneurs sont tous vos parents.

— Je vous le répéte, où suis-je?

— Où vous avez dit que vous me suivriez.

— En enfer !» s'écria-t-il en reculant d'un pas ; « que mon Seigneur Jésus-Christ et sa très sainte Mère me soient en aide ! »

» Et il fit le signe de notre rédemption. A cet acte pieux, tous ceux qui étaient là répondirent par des huées, des gaberies ; on l'appela nigaud, couard, hypocrite. On se mit à boire et à chanter des chansons obscènes. Le chevalier demeurait immobile en dehors de la porte ; l'inconnu, voyant qu'il se refusait à en franchir le seuil, revint à lui.

« Chevalier, » dit-il, « tu perds une belle occasion de t'enrichir ; si tu eusses eu le courage de faire le tour de cette table et de trinquer avec ceux que tu y vois assis, toutes les richesses amoncelées dans ce château t'auraient appartenu. Mais, puisque tu crains de choquer le verre avec tes proches, il ne me reste qu'à te charger d'une commission.

Vois-tu cette place vide? Eh bien! demain, lorsque tu auras embrassé ta sœur, dis-lui qu'elle prévienne son mari que je l'invite à venir l'occuper d'aujourd'hui en un an; elle et lui sauront ce que cela veut dire. Quant à toi, retourne dans la chambre où ton souper t'attend; sers-toi hardiment de la coupe que tu trouveras auprès de ton verre; emporte-la, je te la donne, elle n'a rien de surnaturel.

» En devisant ainsi, le seigneur châtelain reconduisit mon aïeul jusqu'à la chambre indiquée, en le faisant passer le premier; puis, un léger bruit s'étant fait entendre, le chevalier se retourna, il ne vit plus de porte, mais une muraille entièrement fermée..... Troublé, hors de lui, il s'agenouilla, fit ses prières, puis vint à table, les viandes fumaient. A côté, il y avait une coupe d'agate et d'or, enrichie de gros diamants et de riches pierres précieuses; sur son pied, elle portait l'écusson émaillé des Houdancourt.

» Le chevalier fit divers signes de croix sur ce vase, lui fit même toucher une relique de la très sainte Épine, qu'il portait toujours sur lui et à laquelle il attribua la protection miraculeuse qui l'avait sauvé pendant cette soirée de tout malencontre; et, voyant qu'il résistait à ces épreuves, il y versa du vin et but en l'honneur de la très Sainte-Trinité, ce qui consacrait la coupe en la purifiant de tout contact infernal.

» Puis il se mit à manger de grand appétit, s'enveloppa dans son manteau, et malgré la tempête qui ne discontinuait pas, il dormit jusqu'au point du jour; ses gens alors entrèrent dans sa chambre, il ne leur dit rien des évènements de la nuit, leur déroba la vue de la coupe et se prépara à poursuivre son chemin.

» Peu de temps après, le baron, son beau-frère, parut à la tête de ses vassaux; tous ensemble se dirigèrent vers le château de Ferrals, où ils arrivèrent sans malencontre et où mon aïeul embrassa sa sœur. Tant de temps depuis leur séparation s'était écoulé, ils avaient tant de choses à se dire, que les premières semaines s'écoulèrent rapidement; mais, parmi tout ce que le chevalier répétait à sa sœur, il ne disait pas un mot de l'injonction qu'il avait reçue dans le Château du Diable, où d'ailleurs ses gens avaient dormi sans qu'aucune apparition troublât leur sommeil; aussi se moquèrent-ils beaucoup de leur guide.

» Un matin, en se levant, le chevalier trouva, sur la table placée près de son lit, la coupe mystérieuse qu'il avait enfermée au fond d'une armoire; il appela ses domestiques, demanda qui avait déplacé ce chef-d'œuvre. Chacun jura par ses grands dieux de son innocence. La coupe fut remise sous clef, et le soir, lorsque le chevalier entra pour se coucher, il vit la coupe où le matin il l'avait aperçue.

» Ceci lui inspira de tristes réflexions ; il se rappela ce qui lui fut dit dans le Château du Diable, et il prit la résolution de le répéter à sa sœur, comme on le lui avait enjoint.

» Madame de Najac, en écoutant son frère, se trouva mal ; il eut beaucoup de peine à lui faire reprendre sa connaissance, et quand elle revint à la vie, ce fut pour gémir et sangloter. Il en demanda le motif.

«Hélas!» lui répondit-elle, « depuis quatre cents ans environ et en récompense des services qu'un baron de Najac rendit à la très sainte Église, il obtint la faveur étendue à sa descendance, dans la branche aînée de la maison, d'être averti un an à l'avance du jour de sa mort, qui a lieu d'une façon extraordinaire. Mon mari, à qui je n'ai donné que des filles, espérait ne pas être soumis à cette funeste loi, puisque, dans lui, finit cette branche aînée. Comment oser lui apprendre qu'il touche de si près à la mort!...

» Cependant on ne pouvait laisser ignorer au baron que sa sentence funeste était portée. Sa femme pria son frère de l'en instruire; le baron écouta presque tranquillement cet arrêt, et dit ensuite :

« Je ne pensais pas devoir être soumis à la loi commune..... Dieu le veut, soit ! »

» Il se tut, rêva et se promena.

» L'année s'écoula, le chevalier de Lamothe-Houdancourt ne put refuser à sa sœur de la passer avec elle ; la curiosité peut-être entrait pour quelque chose dans son accession. Plusieurs fois, en partant du château de Ferrals, on s'était dirigé vers celui situé dans la chaîne des montagnes Noires, et connu sous le nom de *Château du Diable*; on y était entré, on y avait passé la nuit, et aucune autre apparition ne confirmait la première. Le lieu abandonné ne recélait que parfois des bêtes fauves ou des baudets, mais point de créatures humaines ou ayant eu vie.

» La veille du jour fatal, le baron de Najac dit au chevalier :

« Savez-vous quelle est mon envie ? Ce serait d'aller demain coucher au Château du Diable.

— L'affreuse idée!

— Pourquoi? Ne vaut-il pas mieux, si cela arrive, que je meure là qu'ailleurs ? »

» Mon aïeul combattit cette fantaisie et sa sœur aussi; ce fut en vain, il fallut céder. On se mit en voyage; une multitude de pages, d'écuyers, de valets, de soldats, d'amis, de parents même, grossirent le cortége. Monseigneur l'évêque de Carcassonne (c'était alors le très révérend père en Dieu Annibal de Rucellai, Florentin et allié à la reine-mère) voulut être de la partie ; il y conduisit plusieurs ecclésiastiques, et notamment les abbés de Caunes et de Montolieu.

» Jamais le Château du Diable n'avait reçu si nombreuse et si belle compagnie ; on en décora à la hâte plusieurs salles, car on ne put retrouver celles parcourues par le chevalier ; on mit partout des sentinelles, on multiplia les sauvegardes et les précautions. M. de Najac ne restait pas seul un moment. et aucune arme à feu n'était chargée.

» Comme on sortait de dîner et qu'on se préparait à attendre le souper, l'abbé de Montolieu demanda au baron de Najac s'il s'était confessé.

« A quoi bon ? » dit celui-ci en pâlissant.

« Vous êtes sous la main de Dieu.

— Nous y sommes tous. »

» On se récria sur la sévérité de M. l'abbé de Montolieu, sur ce qu'il attachait de l'importance à une illusion diabolique, enfin sur ce qu'il ôtait la confiance à la compagnie ; il ne s'ébranla point dans sa manière de voir, et toucha si bien le baron, qu'il le décida à faire à ce digne abbé sa confession. Tous les deux se rendirent dans la chapelle du château, mieux conservée que le reste de l'édifice ; les amis y pénétrèrent en même temps ; on pria Dieu, on attendit avec anxiété que le baron eût terminé son œuvre pieuse. Monseigneur l'évêque de Carcassonne admirait un Christ gothique de la plus belle expression, lorsque l'abbé de Montolieu, ayant donné l'absolution à son pénitent, se leva et fit quelques pas pour venir vers le prélat...

Dans ce moment, on entendit un bruit très léger, un peu de poussière s'éleva en forme de nuage, on regarda... : le baron de Najac avait disparu..., un abîme venait de s'ouvrir à la place où il s'était agenouillé! Plusieurs pierres tombèrent...; on se recula, des hommes plus hardis se rapprochèrent du gouffre; il y avait un escalier; on alluma des torches, on descendit; le caveau qu'on vit d'abord était vaste, il communiquait avec d'autres souterrains; on les parcourut tous; on sonda le sol, les murailles, les voûtes; on démolit une grande portion de l'édifice.....; on prolongea vainement les recherches, aucune trace que des êtres animés eussent précédé naguère les examinateurs; des maçons, des mécaniciens ne furent pas plus heureux : la trace de l'infortuné baron de Najac fut à jamais perdue !

» Un fait aussi surprenant, ayant eu lieu

en présence de tant de personnes de rang différent, causa une terreur inexprimable. M. le duc de Montmorency, gouverneur de la province, fit compléter la démolition du *Château du Diable*. Cela ne servit à rien ; on découvrit, il est vrai, un couloir creusé dans le roc et qui avait une issue sur le flanc d'un rocher de la montagne Noire, au fond d'une grotte ; mais il n'y eut pas moyen de rattacher ceci à la disparition miraculeuse du mari de mademoiselle de Lamothe-Houdancourt.

» Mon aïeul ramena sa sœur dans le château natal et déposa dans nos archives le procès-verbal de ce grand évènement. C'est de là que j'en ai tiré cette effrayante et peut-être trop longue histoire.

« Oh ! non, pas pour moi, » m'écriai-je, lorsque le comte de Lamothe eut achevé.

« Oh ! Monsieur, quelle anecdote ! La croyez-vous vraie ? me la garantissez-vous ?

— Je garantis qu'elle est écrite de la main de maître Gaillard Roger, notaire établi à Castelnaudary, de 1545 à 1584, et assisté de son confrère demeurant à Saint-Denis, maître Charles-François Poncarmand, vivant de 1559 à 1603; qu'elle est signée par l'évêque de Carcassonne, les abbés de Montolieu et de Caunes, par MM. de Najac, du Pujol, de Voisin, de Chalabre, de Rigaux, de Rieux, du Pujol, sages du temps, et de nombre d'autres que ma mémoire oublie, sans compter mon aïeul, et une note très étendue que celui-ci a tracée de son écriture menue sur une grande feuille de parchemin. Voilà, mademoiselle et chère amie, tout ce que je peux affirmer.

— Il y a tant de faits incontestés qui n'ont pas pour base des fondements pareils à ceux-là, » dit M. de Fontenelle, « que si de pareils prodiges pouvaient être admis, celui-là serait en première ligne.

— Vous doutez de tout ! » dis-je avec impatience.

« Du moins, je ne nie pas; le doute n'ôte à nul son droit, il n'est ni désobligeant ni sot; il laisse en demeure de faire les preuves.

— Je vais avoir cette nuit une frayeur affreuse.

— Non, » dit monsieur de ***, « vous reverrez plutôt de somptueux appartements et de riches coupes.

— Qu'est devenu le cadeau fait par le diable à votre aïeul?

— Le maréchal de Lamothe-Houdancourt en fit présent à son tour au cardinal de Richelieu, ce qui ne le sauva pas de la Bastille.

— Lorsque le cardinal prit cette mesure, il aurait dû restituer le bijou.

— Oh ! » dit M. de Fontenelle, » il aurait eu tort, ce qui est bon à prendre est...

— Bon à rendre, » ajoutai-je, « c'est corroborer ce que j'avançais. »

» Fontenelle alors avec son sourire fin :

« Vous ne m'avez pas laissé achever ma phrase.

— Vous disiez que ce qui est bon à prendre est.....

— Bon à garder, » dit froidement l'homme d'esprit et de haute réflexion.

» Nous nous mîmes tous à rire ; le renversement du proverbe lui procurait une forme piquante, et nous trouvâmes que c'était d'ailleurs beaucoup plus conforme à la réalité. Depuis, Beaumarchais à qui je fis part de ce badinage ingénieux de M. de Fontenelle, s'en est servi dans la comédie du *Mariage de Figaro* ou *la Folle Journée*, pièce qu'il m'a lue, à laquelle il s'obstine à travailler, et en vain, car jamais la représentation n'en sera permise.

Les Apparitions d'un château.

Le baron de Ferdonna, vivant en l'an de grâce 947, avait deux fils sur lesquels reposait toute sa tendresse ; il avait le projet, les chérissant également, de ne point mettre de différence dans les portions de son héritage, qui devaient leur revenir; et, durant toute sa vie, il les entretint dans cette idée; mais ce qui eût dû établir la concorde entre les frères fut le moyen dont l'enfer se servit pour les rendre ennemis. Astolphe, l'aîné, ne pouvait songer qu'avec impatience à tout ce que lui enleverait la résolution de son père.

« Je suis l'aîné, » disait-il, « et à ce titre, je devrais être son seul héritier, un modeste apanage est tout ce qui conviendrait à Jules, mon frère, et cependant cet audacieux sera aussi puissant que moi. »

Les pensées odieuses fermentaient sans relâche dans son ame, et de vils flatteurs venaient encore l'exaspérer davantage. On le trouvait accessible à de bas sentiments, et les démons, sans cesse à l'affût pour enlever au ciel les ames de ceux qui vivent dans cette vallée de deuil, ne négligèrent pas une occasion si favorable de s'en donner une de plus.

De toutes parts, Astolphe trouvait des gens disposés à le servir dans ses haines; un d'eux surtout se distinguait par son acharnement. Bramante, c'était son nom, se disait venu de la Germanie pour se soustraire aux suites d'un meurtre qu'il avait commis. Poussé par la jalousie, il n'avait pas craint de frapper un Allemand, son rival, et la famille du mort avait juré sa perte. Bramante n'avait pas jugé convenable de s'exposer à son ressentiment, et, par une prompte fuite, il s'était dérobé à une implacable vengeance.

La conformité de leurs goûts dépravés l'avait bientôt mis en rapport avec Astolphe; ils avaient tous les deux le même penchant pour la débauche, la même férocité dans les plaisirs, la même avidité pour la fortune. Celle de Bramante pourtant paraissait immense; elle eût dû satisfaire ses désirs; mais plus il possédait, plus il se montrait insatiable de richesses.

Constamment avec Astolphe, il lui soufflait une haine cruelle contre Jules, son frère, que ce Germain ne pouvait souffrir; il faisait observer au fils aîné du baron de Ferdonna combien la conduite de Jules, si fort dissemblable de la sienne, devait refroidir à son égard l'amitié de leur père commun.

« Tu crains, » lui disait-il, « que Jules ne soit admis à partager également avec toi les domaines de ton père; eh bien! moi, qui vois plus loin encore, je ne doute pas qu'il te défasse entièrement de tes droits; regarde la conduite de cet hypocrite, admire avec quel art il affecte de cacher ses égarements, on le croit pourvu d'une sagesse supérieure à son âge; ton père te l'oppose sans cesse, et de cette opinion à la résolution d'en faire son seul héritier la distance est courte; elle sera promptement franchie.

— Ah! si je le croyais, » disait Astolphe, « ce frère, si heureux à mes dépens, cesserait bientôt de me tourmenter; mais, Bramante la chose ne peut être, le baron me chérit aussi, sa préférence pour Jules n'en est pas une; car, dès notre plus bas âge, il se décida à faire un jour ce partage qui me déplaît tant.

— Soit, » reprenait Bramante, « tu le crois, c'est à merveille; mais un jour tu te rappelleras que je t'avais prévenu à l'avance, et que tu ne voulus pas voir ce qui frappait mes regards. »

Ces atroces insinuations ne laissaient pas que de germer dans le cœur d'Astolphe, et plus il avançait en âge, plus son frère lui devenait odieux; Jules, de son côté, était loin de soupçonner une pareille jalousie; et meilleur qu'Astolphe, il le chérissait tendrement. Leur père vint à mourir sur ces entrefaites, et, comme il l'avait annoncé, sa fortune se trouva divisée en deux parts; chacun de ses fils put recueillir la sienne.

Parmi les domaines qui tombèrent dans le lot de Jules était le château de Ferdonna, objet particulier de l'envie d'Astolphe, qui, de tous les temps, avait désiré d'en obtenir la propriété : furieux de se voir déçu dans son espérance, il s'éloigna de son frère, décidé à ne plus le revoir, et se retira dans la portion des biens paternels qui lui revenait.

Là sa conduite, chaque jour, devint plus répréhensible. Bramante ne le quittait pas, il était sans trêve auprès de lui, le poussant à mal faire, ainsi qu'aurait agi un esprit infernal; il ne se passait pas de semaine sans que des plaintes fussent portées au ciel par quelque individu contre Astolphe; il ne craignait pas de dépouiller les monastères des biens que les fidèles leur avaient donnés; il outrageait, par ses propos, les saints ecclésiastiques; il poursuivait les jeunes filles dans les campagnes, excédait ses vassaux, les opprimait de toutes manières; aussi un pieux abbé d'un couvent de Sarzanne ne craignait pas de dire que, « tôt ou tard, une excommunication majeure, lancée contre le baron Astolphe, laisserait au démon la liberté de se saisir d'une ame que l'église lui abandonnait. »

Ce propos ne tarda pas à être vérifié; mais il fallut qu'il fût suivi d'un grand crime, et nous allons le raconter, afin que le chrétien, en admirant la profondeur des jugements de Dieu, redoute également de les voir peser sur sa tête.

Dans la ville de Lérici vivait une noble

dame; mais, privée de la fortune dont ses ancêtres avaient joui, il ne lui restait plus de sa splendeur passée que de faibles débris; elle les soignait pour en faire l'héritage de sa fille unique, de la jeune et belle Rosamaure, proclamée d'un commun accord la fleur ou la perle de la contrée.

Rosamaure, dès ses plus jeunes ans, était célèbre par les rares qualités, par les charmes sans pareils répandus sur toute sa personne, par le parfait assemblage de toutes les vertus, de toutes les graces, de tous les mérites; elle ne sortait de sa modeste demeure que pour aller, suivie de sa mère pénitente, aux célébrations des sacrés mystères : là, par sa haute piété, elle se faisait remarquer encore; et lorsqu'elle se prosternait avec ferveur au pied des autels, on eût cru voir un ange priant devant le trône du Créateu r

Une foule de soupirants ne tardèrent pas à

environner cette jeune merveille; chacun cherchait à sa manière à lui faire connaître son amour; mais la pudique Rosamaure ne s'en apercevait pas. Presque toujours retirée chez elle, ne sortant qu'enveloppée d'un voile qu'elle ne relevait qu'à l'instant de l'adoration de l'hostie, elle restait étrangère aux débats dont elle était l'objet, et Dieu seul régnait dans son ame, où jamais pensée mondaine ne s'introduisit; tous ses plaisirs étaient de cultiver des fleurs dans le petit jardin de sa maison et de soigner sa longue chevelure brune, qui n'était pas le moindre de ses ornements.

Il ne se pouvait faire que le baron Astolphe n'entendît point parler de cette beauté incomparable; son digne ami, l'Allemand Bramante, était sans cesse en quête pour lui chercher des distractions coupables; il fut le premier à l'entretenir de Rosamaure et à lui faire naître la curiosité d'admirer de près cette merveille.

Astolphe descendit à Lérici un jour de fête solennelle; et là, sans respect pour le vénérable ministère que le prêtre accomplissait, il ne craignit pas de tourner le dos à l'autel, afin de pouvoir tout à son aise examiner Rosamaure, tandis que son voile était levé. Astolphe était loin de se figurer une créature aussi accomplie, et la vue de ses attraits, tant rehaussée par la modestie de la jeune signora, le jeta dans un délire extrême et le porta à s'abandonner aux plus étranges extrémités pour la posséder.

Mais dans le cœur corrompu du baron l'amour vertueux ne pouvait trouver sa place. Astolphe croyait aimer, et le monstre ne faisait que désirer. Il ne lui entra pas dans l'idée de rechercher la main de Rosamaure en s'unissant à elle de son consentement.

Non, il ne fallait au méchant signor qu'outrager l'innocence en lui ravissant son plus précieux trésor.

« Je veux qu'elle soit à moi, » dit-il à Bramante, en proférant un blasphème épouvantable et plus tôt elle m'appartiendra, plus tôt je serai satisfait ; mais comment parvenir à l'arracher à sa mère, qui veille avec tant de soin sur ce précieux dépôt ?

— La chose me semble facile, » répondit le mécréant conseiller, « où la ruse est inutile, c'est en employant la force qu'il faut agir. Enlève Rosamaure, conduis-la dans ton château, et là tu pourras en abuser tout à ton aise ?

Astolphe ne demandait pas mieux que de suivre ce détestable avis ; mais il redoutait la vengeance du peuple de Lérici, accoutumé à regarder cette charmante fille comme le plus bel ornement de la cité ; il craignait également les adorateurs nombreux de Rosamaure qui, unis avec les Lériciens, pourraient venir, son complot étant découvert, l'attaquer dans son château et le punir de son action criminelle. Il lui fallait donc, pour éviter le péril, conduire la malheureuse victime dans un lieu d'où il lui fût impossible de s'échapper et qu'on ne pût pas soupçonner.

Comme il cherchait à la rencontrer, il se rappela que, sous le château de Ferdonna, devenu l'apanage de son frère Jules, il existait de vastes et ténébreux souterrains, communiquant d'un côté dans la chambre de l'intérieur du manoir, et de l'autre dans une grotte de la montagne, à une très médiocre distance de Lérici; il crut facile de s'y introduire, car il connaissait les secrets détours qui y conduisaient, et il se décida pour ce lieu, comme étant le plus favorable à l'exécution de ses desseins.

Avant, cependant, de ravir Rosamaure, il voulut aller visiter ces sombres cavernes, afin d'en retrouver les passages, et de voir par lui-même l'endroit le plus favorable à retenir et à cacher la jeune fille pendant quelque temps. Bramante l'y suivit, les souterrains furent par eux parcourus, ils en sondèrent toute l'étendue, jusqu'à la trappe par où l'on descendait au château. Une salle leur parut convenablement disposée pour être le théâtre du crime, et dès lors ils préparèrent tout pour enlever Rosamaure et l'entraîner dans ce lieu.

Deux brigands qui, durant toute leur vie, avaient outragé la Providence promirent à Astolphe de lui livrer avant peu la jeune fille, pour prix d'une forte somme dont, par avance, on leur abandonna la moitié; ils devaient pénétrer dans la demeure de la mère de Rosamaure, pendant une nuit où la tempête troublerait le calme de la nature et empêcherait les cris de l'offensée de parvenir à l'oreille de ses concitoyens.

On attendit quelques jours avant de trouver le moment favorable; enfin un vent du Libeccio impétueux souffla, les vagues du golfe, violemment agitées, venaient battre les murs de Lérici, et des coups de tonnerre répétés à l'infini par les échos des montagnes voisines s'unirent aux rugissements de l'orage, et nul bruit humain n'eût pu s'élever au dessus de ces grandes clameurs de la nature.

Les deux bandits ne manquèrent pas de profiter de cette nuit tumultueuse, si favorable à leurs projets; ils informèrent Astolphe qu'ils allaient essayer de s'introduire par surprise dans la maison de Rosamaure, et l'engagèrent à aller les attendre au souterrain où la jeune fille devait être conduite. Astolphe eut garde d'y manquer, il y courut plein d'impatience et de coupables désirs. Son vil compagnon ne l'abandonna pas ; il cherchait, par ses discours, à augmenter son délire, à lui enlever toute idée de vertu et d'honnêteté.

Les misérables brigands arrivèrent devant la porte de la maison de Rosamaure; ils avaient remarqué une petite muraille qu'on pouvait franchir ; ils s'introduisirent par là dans une cour intérieure, et après crochetèrent un contrevent qui leur donna l'entrée de la maison. La mère de la jeune beauté, celle-ci, une servante étaient les seuls habitantes du logis; on les surprit pendant leur premier sommeil. La vieille dame et sa servante furent attachées au pied de leur lit, et Rosamaure étroitement liée, s'étant évanouie dans les bras de ses ravisseurs, leur facilita les moyens de l'entraîner hors de la ville.

On devait croire que nul obstacle ne contrarierait une pareille entreprise. L'orage continuait toujours son fracas; les habitants de Lérici, renfermés dans leurs manoirs, n'avaient aucune envie de les quitter pour aller courir les rues ; aussi nul individu ne se présenta; mais plus les chances étaient propices aux méchants, moins il fallait croire que les anges chargés de veiller à la conservation de Rosamaure se laisseraient vaincre en ce moment. Ce n'étaient pas leurs yeux que pouvaient tromper les profondes ténèbres, et leurs oreilles distinguaient facilement les cris des malheureux à travers les rugissements de la tempête; ils semblaient sommeiller et par la main ils conduisaient un vengeur à la malheureuse Rosamaure.

Cette même nuit, le baron Jules, qui habitait le château de Ferdonna, avait voulu y revenir de Sarzanne, malgré le temps horrible qu'il faisait. Monté sur un cheval accoutumé à gravir les montagnes des Apennins, accompagné de quatre valets armés, il revenait vers sa demeure, bravant les fureurs du Libeccio et les éclats de la foudre. Il était déjà au commencement du chemin tournant, par lequel on montait au château, lorsqu'il aperçut devant lui, à la lueur d'un éclair, deux hommes de mauvaise mine qui portaient dans leurs bras une personne évanouie. Les brigands auraient bien voulu l'éviter; mais le bruit de l'ouragan était si considérable, qu'ils n'avaient pas entendu les pas des chevaux.

« Où donc allez-vous sur mes terres, paysans étrangers, » leur cria le baron, « à cette heure reculée, et pendant cette nuit dangereuse?

Cette simple interrogation les troubla; un coup de vent, à l'instant où ils allaient répondre, souleva le manteau qu'ils avaient jeté sur Rosamaure, et un nouvel éclair montra la figure de cette merveilleuse beauté.

« Ah! » s'écria un des suivants de Jules, « c'est *la vierge de Lérici,* que les coquins enlèvent (car on donnait ce nom à la jeune beauté). » Il dit, et sans attendre l'ordre de son maître, il court sur les bandits, suivi de ses camarades et du signor lui-même. Les bandits, pris au dépourvu, voulurent se défendre; mais le combat ne dura pas longtemps; plusieurs coups les jetèrent sans vie sur le rocher, et, après leur chute, on s'aperçut que la belle Rosamaure non seulement avait perdu l'usage de ses sens, mais était encore accablée par un bâillon qu'on avait placé dans sa bouche pour l'empêcher de pousser des cris si, par hasard, elle était revenue à elle. On se hâta de l'en délivrer, et alors moins oppressée, elle commença à ouvrir ses beaux yeux. Jules ne connaissait point Rosamaure; il la voyait pour la première fois, et tant de charmes ne manquèrent pas de produire leur effet ordinaire.

Le baron, voyant l'état de faiblesse de cette jeune fille, ne voulut pas confier à d'autres le soin de la porter au château, où il préféra se rendre plutôt que d'aller dans la ville dont il était d'ailleurs assez éloigné; remontant donc sur son cheval, il en pressa la course, et enfin arriva bientôt, avec son doux fardeau, dans l'intérieur de Ferdonna, et là tous les soins furent prodigués à Rosamaure.

Elle revint peu à peu à elle; et, dès que ses forces se furent rétablies, elle chercha à se jeter au bas du lit dans lequel on l'avait placée, pour implorer la pitié du signor

Jules, le conjurant, par les saints anges, de la rendre à sa malheureuse mère.

« Je vois, belle signora, » lui dit Jules, « que votre erreur m'outrage sans assurément le vouloir. Non, je ne suis pas l'auteur de vos chagrins, et vous me devez votre délivrance. Je vous ai ravie aux monstres qui vous entraînaient; ils ont payé de leur vie l'infame complot qu'ils avaient formé, et vous êtes dans le château de Ferdonna, dont je suis le propriétaire, maîtresse absolue de vos actions; car dorénavant je me ferai gloire de me compter au nombre de vos plus zélés serviteurs. »

Ces paroles, auxquelles Rosamaure était loin de s'attendre, la firent subitement passer d'un désespoir extrême à un parfait contentement. La noble figure du signor, la douceur de sa voix, la fierté de ses regards parlaient en sa faveur; et la jeune fille, croyant n'éprouver que des sentiments de reconnaissance, laissa l'amour s'introduire furtivement dans son cœur.

Cependant, troublée encore de l'évènement affreux dont elle était la victime, peut-être un soupçon injurieux s'élevait en elle, lorsqu'elle fut entièrement rassurée sur la sincérité du beau chevalier par l'entrée, dans sa chambre, du chapelain de Ferdonna, vieillard respectable, et que Rosamaure avait souvent aperçu à Lérici, dans les fêtes principales de l'année. Plus libre, alors, de s'abandonner à la joie, elle n'éprouva qu'un seul déplaisir, celui du chagrin que devait ressentir sa mère.

A peine en eut-elle dit quelques mots, que soudain Jules se hâta de faire partir un écuyer (le jour venant de se lever) pour aller à Lérici porter des consolations à cette dame respectable; il ne voulut pas souffrir que Rosamaure s'éloignât; la tempête n'était pas achevée et le *Libeccio* soufflait avec violence.

Combien fut grande la joie que la mère de Rosamaure éprouva ! Elle avait cru perdre sans retour sa fille, et des voisins, en sortant le matin de très bonne heure, ayant vu la porte de cette signora ouverte, étaient entrés, et, à leur grande surprise, l'avaient trouvée attachée, ainsi que sa servante, et poussant de pitoyables cris : ils s'empressèrent de les délivrer, puis, se répandant dans les rues, ils proclamèrent l'enlèvement de la *vierge de Lérici*; et à la nouvelle de cet attentat, toute la jeunesse de cette ville prit les armes.

On allait parcourir la campagne voisine, bien certain qu'on n'avait pas emmené Rosamaure par mer, lorsque la venue de l'écuyer du baron de Ferdonna dissipa ces inquiétudes. Il raconta ce qui s'était passé ; on s'empressa de se rendre au lieu où les bandits avaient été immolés, et on les y trouva sans vie, ce qui ne permit point de savoir quel motif les avait poussés à commettre cette action détestable.

La signora, touchée de ces marques d'affection, en remercia vivement ses compatriotes ; mais pressée de revoir sa fille, elle se hâta de partir pour aller la rejoindre dans le château de Ferdonna.

Depuis le premier moment où Rosamaure avait frappé les regards du baron Jules, ce seigneur n'était plus tranquille ; l'amour était descendu dans son cœur avec toutes ses flammes, avec toute sa tendresse, et la belle fille lui paraissait nécessaire au complément de sa félicité.

Sous prétexte de lui donner le temps de se remettre de sa terreur, il l'engagea à prolonger son séjour dans Ferdonna, lui laissant redouter une nouvelle tentative de la part du malheureux qui avait dirigé son enlèvement. Rosamaure et sa mère étaient bien faciles à épouvanter sur ce point, et la jeune personne, sans se l'avouer à elle-même, ne semblait pas fâchée d'une résolution qui la retenait auprès du noble signor.

Cependant, au bout de plusieurs jours, il fallut bien songer à la retraite, et l'heure du départ fut arrêtée à l'aurore suivante. Jules en éprouva la plus vive douleur; mais l'amour qui l'agitait ne voulut pas rester tranquille dans son ame; il lui parlait des plaisirs de l'hymen, et le décida de proposer à la belle Rosamaure et sa main et son cœur.

Lorsque ce dessein fut arrêté, Jules alla trouver le pieux chapelain de Ferdonna, son précepteur dans sa jeunesse et maintenant son ami... «Père,» lui dit-il, «voilà que le départ prochain de la signora Rosamaure me rend déjà le plus infortuné des hommes; je sens qu'après l'avoir connue il me sera impossible de l'oublier, elle est élevée dans la crainte de Dieu; ses mérites en tout genre se montrent assez; elle est de noble naissance, mais elle manque de fortune. Que peut me faire ce dernier article? n'en ai-je pas assez pour nous deux? Que me conseillez-vous? Croyez-vous que je puisse jamais prendre une épouse qui sache mieux répandre les bénédictions du ciel sur ma maison?

— Mon fils, » répliqua le chapelain, « déjà plus d'une fois j'ai songé au bonheur que goûterait l'époux de cette pieuse fille, aussi je n'aurai garde de vous détourner de votre projet. Elle est pauvre; dites-vous, ne croyez pas une erreur pareille; on a plus que la richesse quand on apporte en mariage tant de vertus et de si précieuses qualités.

— Eh bien ! » reprit Jules, « puisque vous ne m'êtes pas contraire, vous ne me refuserez pas à me servir. Allez trouver la vieille signora, faites-lui connaître ma pensée, et dites-lui que je n'ai eu garde de parler à sa fille avant d'avoir obtenu son consentement. »

Le chapelain, charmé d'une résolution aussi sage, partit sur-le-champ pour aller trouver la mère de Rosamaure dans la chambre qu'elle occupait ; il s'acquitta de sa mission. On doit croire que la signora ne fit pas de grandes difficultés pour donner un pareil époux à sa fille ; et Rosamaure, en apprenant qu'il l'avait demandée, laissa dans sa confusion virginale éclater sa modeste joie.

Les diverses parties étaient d'accord; Jules, impatient de conclure son bonheur, voulut que la même journée où les signora devaient les quitter fût aussi celui où Rosamaure s'unirait à lui par des liens indissolubles; vainement la pudique fille demanda plus de temps pour se recueillir, ses instances furent vaines; il lui fallut céder au plus doux empressement. Le vieux chapelain bénit lui-même cette union et souhaita toutes sortes de prospérités aux deux époux. Certes, mieux que personne, ils étaient en droit d'en jouir.

Une si prospère journée s'écoula dans les transports de l'allégresse. Tous les vassaux de Jules, les principaux habitants de Lérici furent appelés à prendre part à la fête ; partout la joie se montrait; on enviait la félicité du noble époux; les femmes mêmes convenaient que Rosamaure, par ses vertus, était digne de la haute fortune à laquelle elle était parvenue.

Cependant la soirée s'avançait, la mère de la jeune épouse l'appela pour la conduire dans la chambre nuptiale ; deux femmes l'attendaient pour la déshabiller, mais elle ne voulut pas que personne prît cette peine. Tremblante d'amour et de pudeur, elle engagea sa mère à la quitter un instant, la suppliant de retarder quelque peu la venue de son bien-aimé.

Demeurée seule, elle peigna ses beaux cheveux, puis s'agenouillant sur le plancher, elle implora pour elle et pour le baron Jules la protection du ciel.

Le jeune signor, pendant un peu de temps, respecta la solitude de Rosamaure ; mais, comme elle se prolongeait, sa patience fut à son terme ; il n'hésita plus à entrer dans la chambre où l'appelaient l'amour et les désirs. Il pousse la porte et voit son épouse étendue sur le carreau, baignée dans son sang et percée de cinq à six coups de poignard. Ses yeux ne contemplèrent pas longtemps ce funeste spectacle ; ils se fermèrent ; et, poussant un cri d'horreur, il tomba inanimé sur le cadavre de l'infortunée Rosamaure.

A cet accent lamentable, on accourut, et Dieu seul peut apprécier la grandeur de la tristesse générale. On voulut essayer de rappeler les deux époux à la vie. Hélas ! tous les deux étaient allés achever leur union dans le ciel. On prétend que tout à coup une lumière éclatante remplit la chambre ; que des concerts aériens se firent entendre ; et un moine d'un couvent voisin, qui mourut depuis en odeur de sainteté, assura par serment avoir vu cette nuit même, se trouvant en prière sur une montagne assez proche, les ames de

Jules et de Rosamaure s'élever dans le ciel, brillantes de splendeur et accompagnées d'un cortége nombreux d'esprits célestes.

En cherchant par où les meurtriers avaient pu s'introduire, on découvrit la trappe fatale qui les avait conduits dans le château. On prit des torches pour les poursuivre, on parcourut les profondeurs des souterrains, mais sans découvrir l'issue qui donnait sur la campagne, à la première recherche. Le chapelain la connaissait; il ne jugea pas prudent de la montrer à une si grande multitude.

Par la mort du baron Jules, sans postérité, sa fortune passait tout entière à son frère Astolphe. On lui dépêcha un courrier; mais nulle part n'était Astolphe; ses gens ignoraient le lieu vers lequel il avait porté ses pas. Durant quinze jours, on demeura dans cette incertitude; enfin, vers le seizième, un pâtre, conduisant son troupeau de chèvres dans la montagne, aperçut un cadavre, vêtu de riches habits, dans le fond d'un précipice : il en parla, on se transporta à l'endroit par lui indiqué, et l'on reconnut les restes du baron Astolphe, horriblement défiguré, tout meurtri, et la tête tordue, ce qui faisait frémir les spectateurs.

Un bruit accusateur s'éleva soudain parmi la foule; on ne douta pas que ce jeune homme vicieux ne fût tombé victime de la malice des esprits infernaux. La chose, néanmoins, n'eût pas été prouvée sans une révélation qui instruisit le saint religieux, dont nous avons déjà parlé, de tous les détails de la vérité, et nous allons les faire connaître.

Astolphe, suivi de son ami Bramante, attendait dans les souterrains de Ferdonna le moment où sa proie lui serait amenée; enivré d'un féroce amour, il comptait les heures, les minutes; cent fois sa vivacité l'amena vers l'embouchure de la caverne, mais ses agents ne paraissaient pas; l'attente était affreuse pour une ame aussi emportée. Enfin le jour brillant sans qu'on arrivât lui donna la pénible certitude que le coup avait dû manquer, et, sans vouloir plus écouter les représentations de Bramante, il voulut lui-même aller à Lérici pour essayer de découvrir ce qui s'était passé.

Il ne lui fut pas nécessaire de courir si loin; car, en traversant le chemin, il reconnut les cadavres des deux brigands; et dès lors devina qu'on était parvenu à leur enlever leur victime. Furieux d'un tel événement, redoutant que les bandits ne l'eussent accusé avant de mourir, il ne songea plus à pousser sa route jusqu'à Lérici; et tournant du côté de son château le plus voisin, il alla y attendre ce qui pouvait résulter de cette entreprise si téméraire, et qui avait complètement échoué.

Mais ses craintes étaient vaines, nul ne l'accusait; car on ne pouvait même le soupçonner. Il ne tarda pas à voir que ses émissaires, en perdant la vie, avaient emporté son secret.

Bramante l'avait quitté, voulant, lui avait-il dit, aller s'informer en personne si Rosamaure était encore tranquille à Lérici. Peu de jours après il revint : « Je sais tout, » dit-il au baron Astolphe en l'abordant; « votre belle vous a été ravie, tandis que nos deux hommes vous la conduisaient fidèlement; et savez-vous quel est celui qui vous a privé du bonheur de posséder une si charmante fille ? c'est le même dont déjà vous avez tant à vous plaindre.

— Je n'ai pas besoin » s'écria Astolphe, « d'en apprendre davantage ; ma haine en redoublant dans mon cœur vient de me le nommer : c'est mon frère Jules.

— Oui, c'est lui qui s'enrichit de tout ce qui est à votre convenance; il a rencontré les brigands sur son chemin, il les a immolés, a pris Rosamaure avec lui, l'a conduite tout éplorée dans son château de Ferdonna; et pour l'y retenir de manière à ce qu'elle ne vous soit jamais ravie, il l'épouse demain matin; et dès lors il se flatte de jouir près d'elle du bonheur que vous n'avez fait qu'entrevoir.

— Oh! non, » dit Astolphe en laissant errer sur ses lèvres pâles un atroce sourire, « oh! non; le bonheur qu'il espère n'est pas encore si certain ; il peut épouser Rosamaure, mais il ne la possédera jamais.

— Vous voudriez?...

— Va, Bramante, laisse-moi faire; si tu m'aimes, tu ne m'abandonneras point, et je me charge alors de te procurer la vue d'un spectacle auquel on n'est pas accoutumé dans la Germanie. »

En disant ces mots, Astolphe posa la main sur son poignard, et ses yeux prirent tout à coup une expression plus féroce. Bramante ne répliqua que ces mots : « *Fais ce que tu souhaites, et sois sûr que je ne te quitterai jamais.* » Il dit, et regarda Astolphe avec un regard tellement étrange, que le baron en tressaillit malgré lui.

Ces deux monstres se rendirent pendant la nuit dans les souterrains de Ferdonna par l'issue qui leur était connue ; là ils attendirent patiemment que les fêtes de la noce touchassent à leur fin. Alors ils se rapprochèrent de l'escalier par où l'on pouvait parvenir à la trappe, jugeant le moment favorable, et que les nouveaux époux devaient être dans le lit nuptial.

« Il est temps, » dit Bramante d'une voix sépulcrale ; en même temps, et pour la première fois, il embrasse le baron que, durant toute la journée, il avait entretenu de tous les détails qui pouvaient augmenter sa fureur.

L'embrassement de Bramante produisit un effet extraordinaire sur Astolphe ; ses yeux furent éblouis, la rage inonda son cœur : ce n'était plus un homme, c'était un démon déchaîné. Il soulève la trappe, pénètre dans la chambre, poussé par une fureur que rien ne peut arrêter. O surprise ! la vierge est encore seule, son époux ne l'a pas encore approchée. Combien plus le désespoir de Jules en sera grandi ! Ainsi pense ce monstre, et se ruant sur l'innocente beauté, par cinq coups de poignard, en lui arrachant la vie, il donne à son ame le droit d'aller prendre place au rang des esprits bienheureux.

Dès qu'il a vu couler le sang, son délire se dissipe; l'horreur d'un tel crime se présente tout entière à lui, il se recule épouvanté, il veut secourir sa victime; déjà sa voix s'élève pour appeler du secours, pour s'accuser lui-même; mais tout à coup, Bramante, qui était resté dans le souterrain, paraît auprès de lui : « Viens, lâche, » lui crie-t-il d'une voix tonnante, « sortons; nous n'avons plus rien à faire dans un lieu dont les anges vont s'emparer. »

Il dit, sa forte main saisit Astolphe; il l'entraine par l'escalier, sous les voûtes profondes, et les fait retentir de ses horribles éclats de rire.

Astolphe, en les entendant, a connu son compagnon; il sait déjà celui qui l'entraine hors du château, mais il ne peut se débattre, sa langue est glacée par la terreur, sa pensée, confondue, ne sait plus prier : hélas! le malheureux ne se trompait point ; la clarté de la lune lui fait apercevoir, en sortant des souterrains, le changement qui s'est opéré dans les traits de Bramante : « Ce n'est plus un homme, c'est Satan lui-même avec toute sa malignité. »

« Viens, » crie-t-il encore à Astolphe; « tu m'as demandé de rester toujours avec toi, je te l'ai promis, je tiens ma parole; viens, mon digne émule, partons pour des lieux où nous ne nous quitterons jamais. »

Il achève, et sa main puissante arrache la vie au coupable, abandonné de son ange gardien, et puis il lance dans un abîme le corps, dont il a ravi sans retour l'ame destinée à d'insupportables, à d'éternels tourments.

On ne voulut pas donner une sépulture sainte aux restes du misérable Astolphe; ils furent inhumés tout auprès de l'ouverture de la grotte, non loin du précipice où on les avait trouvés, tandis que le chapelain de Ferdonna, ayant béni une des salles souterraines, y déposa avec grande pompe le corps des deux époux. Depuis, ce lieu a été choisi de préférence par les seigneurs de Ferdonna pour être celui de leur sépulture.

Un an, jour pour jour, après ce funeste événement, et durant le calme de la nuit, d'épouvantables clameurs furent entendues dans la *chambre du meurtre* (ce nom avait été donné par la commune voix à la pièce où périrent Rosamaure et son époux); une terreur soudaine se répandit dans le château. Dès lors, il se fit nuitamment dans cette chambre d'étranges bruits; on entendait d'affreux blasphèmes; on y voyait brûler des flammes sulfureuses; et parfois des ombres sanglantes en franchissaient le seuil. Vainement des prières furent faites, vainement des exorcistes célèbres essayèrent d'en chasser les êtres surnaturels qui s'en étaient emparés : leur piété, leurs prières furent inutiles; on sut que ces apparitions dureraient tant que le château de Ferdonna existerait sur ses fondements inébranlables.

Ainsi l'ordonnait la volonté du Tout-Puissant, afin que ce prodige perpétuel, jetant dans les cœurs une crainte salutaire, les empêchât de se livrer à de pareils excès, par lesquels la race du vieux baron de Ferdonna avait été anéantie.

Et généralement on attribuait au refus que ce seigneur avait fait de faire aucun don aux églises ou aux prêtres, quêtant en Europe pour le saint-sépulcre, l'arrêt qui détruisit sa sa postérité.

Les Visions du vieux château.

Depuis longtemps les seigneurs de Tarabel jouissaient, en Bretagne, d'une haute réputation, tant par l'antiquité de leur race que par leur fortune et la renommée que leur avaient acquise d'innombrables exploits. En 1337, le seigneur de Tarabel, Alain V du nom, avait deux fils, espoir de sa vieillesse, et dont les rares qualités faisaient la publique admiration. Le sire Alain avait eu pareillement un frère qui, engagé dans le saint ordre de la prêtrise, fut loin de conserver la pureté qu'exige un si saint état. Lâchant la bride à ses passions, il allait çà et là, séduisant les pastourelles, les trompant par des faux-serments, et puis se riant de leurs larmes. Ses riches abbayes fournissaient abondamment à ses dépenses, et chaque jour était employé par lui à des fêtes et à des divertissements de toute espèce. Avant de s'engager dans les ordres, où son ambition l'avait conduit, vers sa trentième année il s'était marié, et avait eu de sa femme deux garçons et une fille qui coûta la vie à sa mère. Renaud de Tarabel abandonna ses enfants aux soins de sire Alain, son frère, et, espérant le riche évêché de Nantes, se fit ecclésiastique, comme nous l'avons dit. Son caractère inconsidéré le portant à chercher sans trêve de nouvelles aventures, il revêtait rarement le costume de son état ; et jeune et bel homme encore, les conquêtes ne lui manquaient pas.

Un jour où, emporté loin de sa demeure par une partie de chasse, il s'était égaré et n'avait pu se rendre à la halte qui était préparée, la faim le contraignit d'entrer chez un riche vavasseur, où, sans se faire connaître, il demanda quelques mets pour satisfaire son appétit. Les bonnes gens l'accueillirent de leur mieux ; et s'apercevant à ses éperons dorés que ce devait être un seigneur de haut lignage, s'empressèrent de le traiter convenablement. Damp Renaud (*damp* est le titre qu'on donnait alors aux abbés) demeura en son particulier frappé des attraits de la jeune fille de la maison. Alice était grande et bien faite; elle portait sur sa figure l'empreinte d'une belle ame et d'un digne caractère. Ses yeux noirs lançaient d'imposantes flammes, et la nature eût dû faire naitre Alice à la cour des ducs de Bretagne, pour la placer selon les qualités qu'elle avait fait croître dans cette jeune personne. Renaud déguisa d'abord son admiration pour ne point effrayer les parents d'Alice; mais, dès le premier moment, il essaya de lui faire comprendre l'impression qu'elle avait faite sur son cœur. Dans tous les temps, le sexe aimable dont Alice faisait partie a eu une malheureuse pente à l'orgueil du rang; et à l'époque dont nous parlons, un chevalier était réellement un être d'une classe si supérieure à la bourgeoisie, que les filles de vassaux ne soupiraient qu'après des conquêtes qui pussent les élever au noble titre de *dame*, seul objet de leur ambition. Alice était femme, et, moins que toute autre, elle pouvait souffrir la vanité, les airs méprisants des damoiselles de la contrée; et quand Renaud lui eut fait entendre qu'il l'aimait, elle s'imagina tout de suite qu'elle porterait un jour à son doigt la bague de fin or, et qu'elle pourrait revêtir les robes de velours, garnies de fourrures et de zibelines.

Renaud, par lui-même, pouvait se flatter de plaire : aussi ne trouvait-il pas étrange qu'Alice parût le voir avec intérêt. Cependant il fallait qu'il s'éloignât d'elle : il le fit à regret, et lui ayant demandé si parfois elle allait se promener dans la campagne voisine, la jeune vassale lui répondit que presque tous les jours, vers le coucher du soleil, elle allait faire une prière à l'oratoire de la Vierge-du-Rocher. Le lieu ainsi désigné était dans l'épaisseur de la forêt, dont le château de Tarabel était entouré, à une distance à peu près égale de la demeure d'Alice et de l'abbaye où Renaud faisait sa résidence. Il en fut très joyeux; et, ayant témoigné son contentement par un regard que la jeune fille interpréta avec facilité, il s'élança sur son destrier rapide, le fit partir au grand galop, et disparut en peu de temps. Il ne rêva plus qu'à l'heure où il reverrait la pastourelle, car il se promettait bien de se trouver à l'oratoire; et une fois encore oubliant les préceptes de la religion, il se prépara à ajouter un nouveau crime à ceux dont il s'était déjà souillé.

Alice, de son côté, dormit mal durant la nuit qui succéda à la journée où elle avait vu le prétendu chevalier; elle se plaisait à repasser dans son ame les expressions dont il s'était servi, l'admiration qu'il avait fait paraître. Elle ne douta pas de sa sincérité ; car sur ce point toute belle est crédule, et difficilement leur amour-propre consent-il à entendre qu'il est possible qu'on veuille les tromper. « Qu'il est beau ! le noble sire, » se disait-elle ; « ah ! qu'il serait doux de devenir son épouse, et de se voir par lui dame de haut parage !... Comme une autre, je saurais tenir mon rang. »

Dans son idée, Alice passait en revue les demoiselles qu'elle mortifierait par son élevation inattendue, et les bourgeoises jeunes et jolies qui pourraient mourir de dépit. Plus elle rêvait à Renaud, plus elle sentait augmenter en elle sa dévotion à la Vierge-du-Rocher. Ainsi eût-il fallu que les éléments y eussent mis obstacle pour qu'elle ne se fût pas rendue au lieu où, le lendemain, elle avait la presque certitude de rencontrer le chevalier.

La nature parut d'intelligence avec le perfide; le ciel fut sans nuage, et Alice put s'acheminer vers le lieu où Renaud l'attendait déjà. Cet homme dissimulé se promit une victoire complète, et nul frein ne devait le retenir. Il quitta son abbaye dans le même costume qu'il portait la veille; et, suivi d'un varlet, son digne confident, il courut à l'oratoire, devançant l'heure où Alice devait y venir. Elle se montra flattée d'un si grand empressement; et Renaud, entrant en conversation avec elle, commença à lui parler d'amour. Ce langage est si doux pour une novice bachelette, que rarement elle se refuse à l'écouter. La simple Alice n'eut garde de repousser qui lui promettait amour parfait et constance sans termes; elle ne déguisa pas non plus ce qui se passait dans son ame, et Renaud obtint la certitude qu'il serait aimé.

Plusieurs fois il revint à l'oratoire, et Alice, de son côté, s'y rendit exactement. Les serments les plus solennels furent échangés en face de la Vierge, et le sacrilége Renaud ne craignit pas que la foudre le punît de son parjure et de son infame séduction. Cependant le méchant était loin encore d'être satisfait. Alice restait pure, et son honneur n'était pas entaché. Espérant s'unir un jour à un chevalier qui l'abusait par mille tromperies, à chaque moment, elle perdait un peu de sa retenue. L'amour, habile à placer son bandeau sur les yeux de l'innocence, dérobait à Alice le danger vers lequel il l'entraînait. Tout entière à sa passion, elle brûlait de toutes les flammes de son âge, et la nature en elle combattait contre sa vertu.

Renaud s'apercevait des progrès qu'il faisait dans cette ame ingénue, et ne remarquant pas le ferme caractère qui était caché sous une simple enveloppe, il se figura pouvoir sans crainte abuser de son amie, et puis qu'elle n'exhalerait sa peine qu'en tristes larmes et regrets impuissants.

Durant deux jours de suite, il ne parut pas au rendez-vous, et cette absence imprévue plongea Alice dans la plus amère affliction. Elle croyait à la mort et non à l'inconstance de son ami; et ce fut avec une joie sans pareille que, le troisième soir, elle le vit enfin de retour. Il s'excusa sur des occupations imprévues, et tout en causant il amena la jeune fille vers une grotte voisine, où il s'assit sur un siége de mousse qu'il avait fait préparer par les soins de son varlet. Alice, sans défiance, se trouva dans les bras de son amant, et quand elle connut le danger qui la menaçait, elle fut la première à proclamer sa défaite; et, au sortir de ce lieu fatal, elle n'avait plus son innocence, et les démons avaient juré qu'il était temps de commencer à punir Renaud de tous les déréglements de sa coupable vie. Tant que ce perfide fut avec son amie, celle-ci ne réfléchit pas à toute la perte qu'elle venait de faire. L'amour l'entraînait encore, et elle était heureuse du bonheur de son amant; mais cette ivresse ne dura pas longtemps. Renaud, satisfait, s'éloigna d'elle; et alors l'illusion se dissipant, Alice connut sa faute, et en rougit jusque dans le fond de son cœur. Lorsque Renaud, à leur première entrevue, voulut la ramener dans la grotte, théâtre de sa défaite, Alice eut la force de s'y refuser. Elle fit entendre au prétendu chevalier qu'il serait temps de lui tenir la promesse qu'il lui avait faite. « Je suis votre épouse, » lui dit-elle, « devant Dieu; je dois la devenir devant les hommes; et si vous m'aimez, il ne vous est plus permis d'exposer mon honneur, que je n'ai pas craint de vous confier. »

Ces paroles prononcées avec une fermeté à laquelle Renaud était loin de s'attendre le plongèrent dans une vide inquiétude, à la pensée de ce qu'Alice pourrait faire quand elle découvrirait la vérité. Loin de vouloir alors la détromper, et se flattant de se faire oublier d'elle lors d'un voyage prochain qu'il devait faire à Paris, il essaya de la jouer encore, et lui promit que, sous huit jours, il viendrait la prendre pour la conduire à l'autel, et la présenter à ses vassaux comme leur légitime souveraine. Alice aimait avec bonne foi, dès lors elle devait être confiante : elle ne douta point des paroles de son amant ; et se retira plus tranquille, se reposant entièrement sur ce qu'il lui avait juré.

Le surlendemain de cette entrevue, il y

avait une fête solennelle au monastère, dont Renaud était abbé. Depuis longtemps, les parents de la jeune fille avaient fait le projet d'aller à l'abbaye faire leur dévotion, lors d'une principale festivité, et celle-ci se rencontrant, ils résolurent de s'y rendre. Alice les suivit avec plaisir, ne se doutant pas du malheur affreux dont elle allait être frappée. Par une rencontre bizarre, ce jour-là même, Renaud, qui ordinairement se déchargeait sur ses religieux du soin de célébrer les offices, fut cependant contraint de dire la messe, à cause de l'importance du saint jour; et alors il s'entoura de tout le faste dont les ecclésiastiques aimaient alors tant à se parer.

Alice, tout occupée de ses pieuses réflexions, n'avait pas encore regardé le célébrant, lorsqu'une voix connue venant frapper son oreille, elle leva les yeux, et avec une inexprimable douleur, dans le damp abbé du saint monastère, elle reconnut le perfide chevalier qui si indignement l'avait abusée.

Non, nous ne nous flatterons pas de peindre convenablement son désespoir. Ne pouvant commander une première impression de sa douleur, elle se laissa tomber presque sans vie, et il fallut l'emporter hors de l'église pour essayer de lui faire reprendre ses sens. Son père et sa mère par qui elle était tendrement chérie la soignèrent, et recherchèrent quelle pouvait être la cause de cette subite indisposition. On le lui demanda quand elle fut revenue de son évanouissement; mais elle n'avait garde de faire une révélation aussi imprudente : elle ne parla que du dérangement de sa santé, et conjura avec instance ses parents de la ramener dans sa demeure. Elle employa son énergie à contenir l'impétuosité de son désespoir; mais, quand elle fut seule, elle se jeta à genoux, et, dans un transport de fureur inexprimable, elle jura de prendre une vengeance terrible de l'indigne trahison dont elle était la victime. Plus soulagée après cette résolution, elle acheva de dévorer ses larmes, et elle se promit de si bien cacher son projet, que nul ne pût en être témoin et n'eût les moyens d'y opposer les conseils de la raison ou les obstacles de la prudence. Cependant elle brûlait de faire connaître à l'infame Renaud qu'elle était éclairée, et qu'elle pouvait apprécier toute l'étendue de son infortune. Elle redoutait que le monstre, ignorant ce qui s'était passé, ne cherchât à la revoir, et elle sentait qu'elle ne pourrait soutenir sa vue que dans l'instant où elle entreprendrait de le punir. Elle s'empressa donc de broder sur un morceau de canevas ces paroles : *Je sais tout;* et le jour suivant, elle alla déposer cette manière de billet au pied de la statue de la Vierge-du-Rocher, à l'oratoire, bien assurée que nul ne se permettrait de l'enlever, tant alors la dévotion était grande, et que le coupable, en lisant ces caractères, reconnaîtrait aisément la main qui les avait tracés.

Ce qu'Alice avait prévu arriva. Renaud, ne la voyant point paraître, s'approcha de l'oratoire, et le morceau de canevas frappa sa vue : il se hâta de le prendre, et, ayant lu les mots accusateurs, il sentit le frisson du remords s'élever dans son cœur, et pendant un temps il pleura sur cette nouvelle victime; mais bientôt son caractère reprenant le dessus, il ne tarda pas à continuer le cours de ses débordements.

Chaque jour Alice, abandonnée à sa douleur profonde, perdait une partie de ses charmes; son teint se décolorait, son embonpoint disparaissait, et bientôt elle acquit l'affreuse certitude qu'elle portait dans son sein le fruit malheureux de sa faiblesse. Oh! comme sa colère en redoubla! avec quelle fureur nouvelle ajouta-t-elle à sa haine, et combien furent terribles les éclats de sa vengeance comprimée! Elle aimait à aller gémir dans la grotte où elle avait perdu son repos; elle en parcourait les sinuosités, et, remarquant dans une partie reculée de la caverne l'ouverture d'un nouveau souterrain, elle se promit de le franchir le jour suivant.

En effet, s'étant munie d'une lanterne, elle ne craignit pas d'entrer dans la seconde grotte, qui s'enfonçait considérablement dans les entrailles de la terre. En regardant avec beaucoup de soin autour, elle découvrit que le passage dans lequel elle était parvenue n'était point un ouvrage de la nature, mais que la main des hommes avait présidé à sa construction ; car, en plusieurs endroits, il était revêtu de maçonnerie. Cette découverte, en piquant sa curiosité, l'engagea à pousser plus loin sa course ; elle continua son chemin, et, après dix minutes de marche, elle arriva dans une salle, dont le plafond avait à peine cinq pieds d'élevation. Alice considéra la voûte avec attention, et, dans un coin de la pièce, elle vit un escalier qui allait aboutir à une trappe qui l'arrêta, car Alice ne put la soulever. En l'examinant avec attention, elle reconnut que les planches qui la composaient étaient plus qu'à moitié pourries. Alors, sans balancer, profitant de la lumière de sa lanterne, elle mit le feu à la trappe, qui s'enflamma rapidement. Alice, toujours plus intrépide, monta l'escalier : il s'élevait en serpentant dans l'épaisseur d'une muraille, et paraissait conduire aux divers étages d'un grand bâtiment. Elle franchit une soixantaine de marches ; et, voyant alors une porte de fer qui était fermée par des verrous, elle essaya de la tirer, et y étant parvenue, la porte s'ouvrit. Alice alors, soulevant une tapisserie de velours vert, entra dans une chambre dont les murs étaient revêtus d'une pareille étoffe. Et alors se rappelant ce qu'elle avait entendu dire à ses parents, qui plusieurs fois s'étaient entretenus devant elle de la magnificence des habitations de plusieurs seigneurs leurs voisins, elle ne douta pas qu'elle ne fût dans le château le plus près de la grotte, et ce devait être celui de Tarabel.

Alice, en voyant dans l'abbé du monastère, l'amant qui l'avait perdue, avait appris sur-le-champ à le connaître ; elle sut dès lors que le perfide était le frère puîné du baron de Tarabel, et elle put envisager d'un coup d'œil toute la perfidie de Renaud, dont l'exécrable réputation était parvenue jusqu'à elle. Cette découverte ajouta à son extrême désespoir, et l'affermit de plus fort dans ses projets de vengeance.

Ce fut donc avec une joie véritable qu'elle se trouva amenée, par son voyage souterrain, dans l'intérieur du château où habitait la famille du perfide, et où sans doute lui-même devait souvent venir. Elle borna, pour cette fois, à la chambre verte, le terme de ses recherches; et se retirant en silence, elle reprit le chemin qui l'avait amenée jusque-là. Elle eut grand soin de refermer la porte de fer, et elle descendit le petit escalier en regrettant d'avoir été forcée d'incendier la trappe qui lui avait donné entrée dans l'intérieur du château; mais elle s'en consola en songeant que ce passage était peut-être oublié depuis bien longtemps, et qu'on pouvait laisser passer un long espace de jours avant de s'apercevoir qu'elle l'avait découvert. En revenant chez elle, elle forma le projet de paraître se retirer du monde, et de cacher dans la grotte de l'oratoire son désespoir et l'état funeste dans lequel un cruel l'avait plongée.

Elle ne tarda point à effectuer son dessein, en déclarant à sa famille que, touchée d'un rayon de la grâce, elle voulait se retirer du monde et consacrer désormais sa vie au culte de la sainte mère de Dieu. Vainement ses parents, désolés d'une résolution semblable, la conjurèrent de ne pas les abandonner ; vainement ils cherchèrent à s'opposer à son idée par toutes sortes de moyens. Alice demeura inflexible. Le clergé, qu'elle intéressa, combattit pour elle ; et, malgré les larmes de son père et de sa mère, deux mois après l'évènement dont nous venons de rendre compte, elle fut solennellement installée dans la grotte, où on chercha à lui faire un logement passable. Le jour de la prise de la possession fut une fête pour la contrée : les prélats l'y conduisirent en procession; on vanta le généreux dévouement de l'héroïne chrétienne, on la donna en exemple à toutes les filles du pays, et sa ténébreuse demeure fut placée sous la sauvegarde puissante de la religion.

Alice, livrée à elle-même, concentra sur un seul point toutes ses pensées; elle chercha d'abord à dérober à tous les regards les progrès de sa grossesse, ce qui ne fut pas difficile. Elle était très grande et fort mince; et, avec le secours d'un ample vêtement et de plusieurs voiles dont elle se couvrit, elle parvint à détourner jusqu'à l'apparence d'un soupçon. Le second but de ses pensées fut de prendre une connaissance plus exacte du château de Tarabel. Chaque nuit, elle s'y porta, et, par le moyen des secrets passages qu'elle parvint à découvrir, se rendit vraiment maîtresse des lieux. Plus d'une fois il lui vint dans la pensée de punir Renaud dans la personne de ses enfants. On les élevait par les soins de leur oncle, qui était leur curateur, avec les siens; et Alice, pénétrant dans leur demeure, sentait, par intervalles, le barbare désir de leur plonger un poignard dans le sein ; mais, au moment d'exécuter ce crime atroce, elle reculait malgré elle, et remettait sans cesse au lendemain à commettre un forfait aussi odieux au ciel et aux hommes.

Cependant l'époque de sa délivrance arriva. Elle avait, à l'avance, préparé ce qui lui était nécessaire ; et se retirant dans les cavernes intérieures de son domicile, elle donna le jour à une fille destinée à être, comme sa mère, la plus infortunée des créatures. Il fallut à Alice toute la force de son caractère réunie à celle de sa constitution pour ne pas succomber à ses souffrances cruelles; elle les surmonta avec un héroïque courage; elle implora le secours de la Divinité, qui ne pouvait l'appuyer dans ses desseins, et elle parvint enfin au terme marqué par la nature pour retrouver un peu d'allégement. Elle arrosa de larmes la fille qui naissait dans ce sombre séjour; durant trois journées, elle la garda avec elle, ne pouvant se décider à s'en séparer. Elle vit pourtant que la chose était indispensable, et, après avoir mille fois renouvelé ses fureurs contre le monstre qui l'avait trahie et désolée de toute manière, elle se détermina à exécuter ce qu'elle avait arrêté. Ce n'était point en des mains étrangères qu'elle voulait confier le soin de veiller sur un trésor qui lui était si cher; elle s'était déterminée à exposer sa fille dans l'intérieur du château de Tarabel, bien assurée que ses habitants ne repousseraient pas une pauvre enfant délaissée.

En conséquence de cette résolution, dès que la nuit fut venue, Alice, enveloppant sa fille dans les plus riches langes qu'elle avait pu se procurer, et lui passant au cou une chaîne de fin or, que Renaud lui avait autrefois donnée, Alice s'en alla porter le fruit d'un amour malheureux au travers des passages qu'elle avait à franchir pour s'introduire dans le château. Elle arriva, le cœur oppressé, dans la chambre verte, et en y entrant, un coup d'œil rapide lui apprit qu'elle était habitée. Alice voulait précipitamment se retirer, quand elle jeta un regard sur le lit; et quelles ne furent pas sa douleur et sa surprise en y apercevant le lâche Renaud, qui y goûtait un sommeil paisible, tandis que sa déplorable victime éprouvait tous les tourments des enfers! Oh! quelle fureur s'éleva dans l'ame ulcérée de la pénitente! Le démon qui voulait consommer sa perte entra dans son cœur; il lui offrit toutes les ressources de la vengeance ; il lui montra celui qui l'avait déshonorée, paisible, tandis qu'elle était consumée par des regrets qui ne finiraient qu'avec sa vie ; il lui représenta qu'il vivait heureux, que jamais il n'avait songé aux larmes qu'elle pouvait répandre, et, en même temps, il fit briller aux yeux d'Alice la dague que Renaud portait constamment, au mépris des lois ecclésiastiques qui le lui défendaient.

Nous ne dirons pas comment la recluse se décida à cet acte si coupable; mais sa fille, dont elle allait se séparer, fut le plus vif stimulant que pût employer l'ennemi constant des hommes. Alice, posant son enfant sur une chaise longue, s'avança du lit du perfide ; et, trouvant dans sa rage toujours croissante l'énergie nécessaire au crime dont elle allait se souiller, elle saisit le poignard, s'approcha du lit et, n'écoutant que sa vengeance, elle frappa Renaud par trois fois. Les coups ne furent pas portés par une main mal assurée ; chacun d'eux aurait suffi pour arracher à Renaud une vie qu'il avait souillée de condamnables excès ; et sans se réveiller, sans pouvoir prendre soin de son âme, des bras du sommeil il passa dans les horreurs de l'éternité. Ce forfait consommé, Alice, jetant sur sa fille un regard farouche, se demanda à elle-même s'il y en avait bien assez d'un crime. Elle jeta avec force la dague dont elle s'était servie pour le commettre, dans la crainte d'aller plus loin encore ; et se retirant à pas précipités, elle quitta la chambre, témoin de ce meurtre, pour aller ailleurs trouver le remords. Il ne tarda pas à l'assaillir avec tous ses serpents, il descendit dans son sein, et bientôt il troubla sa tête ; l'infortunée aurait eu peine à dire comment elle put faire pour regarder son chemin. Hélas ! sa raison était troublée, elle s'empressa de sortir de sa grotte, où il lui semblait que le spectre de Renaud venait la poursuivre ; elle s'élança dans la campagne et courut, poussée par le seul instinct qui la guidait alors, vers la demeure de sa famille.

A la pointe du jour, la première personne qui sortait de la maison trouva Alice étendue sur le seuil de la porte, et à moitié mourante. Son père, sa mère accoururent aux cris que poussait leur serviteur fidèle ; ils en apprécièrent trop le funeste sujet, ils relevèrent l'infortunée, dont les vêtements étaient souillés de sang ; et recommandant un profond silence à leur domestique, ils cherchèrent à rendre leur fille à la vie. Vains projets ! Les jours de cette pauvre abandonnée étaient comptés, elle ne sortit de son délire que pour retrouver ses remords ; et gardant un silence obstiné sur son crime, elle expira le troisième jour.

Ce funeste évènement, dont la connaissance fut cachée à toute la contrée, laissa dans l'ignorance la noble famille de Tarabel sur la cause de l'assassinat de l'abbé, et jamais nul ne put percer les sanglantes horreurs de ce mystère. Les parents d'Alice eussent pu seuls parler, mais ce ne fut que longtemps après qu'ils en firent la confidence à un pieux ecclésiastique, qui se chargea du soin d'écrire cette lamentable histoire, pour être donnée en exemple aux jeunes filles imprudentes et aux religieux désordonnés.

Le lendemain de l'assassinat de Renaud, ses gens entrèrent dans sa chambre à l'heure accoutumée ; d'abord les vagissements de l'enfant attirèrent leur attention, ils coururent vers la petite fille, qui réclamait impérieusement sa nourriture accoutumée. Leur surprise en même temps était grande de la trouver dans la chambre de l'abbé, sans que celui-ci parût s'en occuper, ou sans que que tant de bruit ne le tirât de son assoupissement peu ordinaire; mais leur étonnment prit bientôt une autre direction, quand, en avançant vers le lit, ils aperçurent le cadavre inanimé de leur maître. Les cris affreux qu'ils poussèrent ne tardèrent pas à attirer tous les habitants du château. Le sire Alain principalement demeura plongé dans une douleur amère à la vue de son frère inhumainement égorgé. Vainement s'empressa-t-il de donner les ordres les plus précis pour faire retrouver l'assassin ; sa trace était entièrement perdue, et l'issue secrète qui eût pu amener à la connaissance de la vérité ne fut pas découverte ; chacun se perdait dans ses conjectures, auxquelles la petite-fille nouvellement née ajoutait une teinte merveilleuse bien propre à alimenter la curiosité.

La dame de Tarabel, prenant en ses bras cette innocente créature, l'amena dans sa chambre, et lui ayant d'abord donné du lait chaud, envoya chercher la femme d'un vilain qui était nourrice, et la chargea de donner son sein à l'enfant abandonné.

Le sir Alain et sa noble épouse, quand ils se retrouvèrent ensemble, se communiquèrent leurs réflexions sur ce sinistre évènement. Tous les deux conclurent que leur frère avait péri sous les coups d'une vengeance peut-être excusable, et que sans doute la naissance de la petite fille avait été la cause première de ce forfait; ils se résolurent, en conséquence, à l'élever avec soin, afin de réparer, du mieux qu'il leur serait possible, le mal que Renaud avait pu faire.

Plusieurs années se passèrent ainsi, durant lesquelles la baronne de Tarabel mourut, ainsi que son noble époux. Leur fils unique, qu'on appelait *Olivier*, leur succéda; mais il était bien jeune encore; à peine atteignait-il sa dix-neuvième année. Son frère Salomon était parti pour aller faire ses vœux dans l'ordre des chevaliers de Saint-Jean de Rhodes, et ses cousins, les fils de Renaud, vivaient seuls auprès de lui. L'un portait le nom d'*Arthur*, l'autre celui de *Raoul*. La fille d'Alice avait été élevée avec un soin tout particulier, dans le château, avec la jeune demoiselle de Tarabel, dont elle était devenue la douce amie. Ces deux aimables enfants étaient inséparables, et toutes les deux se faisaient admirer par leur rare beauté.

La fille d'Alice avait reçu au saint sacrement du baptême le nom de *Marcilie*, et sa cousine-germaine celui de *Béatrix*. Le jeune baron Olivier ne pouvait voir tous les jours Marcilie sans être frappé de ses charmes. Le sir Alain, en mourant, ne lui avait point fait part de ses conjectures sur la naissance de l'orpheline, que toujours on avait fait passer comme l'enfant d'un chevalier allié aux barons de Tarabel, et mort depuis longtemps dans des contrées lointaines. L'amour, qui se plaît à braver toutes les convenances sociales, ne se contenta pas de troubler le cœur d'Olivier, il descendit dans celui du second des fils de Renaud, et Raoul peu à peu connut les ardeurs d'une flamme incestueuse.

Marcilie ne partageait pas cette passion ; elle eût choisi, pour l'objet de sa tendresse, l'aimable et vertueux Olivier ; mais encore tranquille, grâce à son jeune âge, à peine elle connaissait le pouvoir de ses dangereux attraits. Olivier, qui la voyait chaque jour se développer davantage, se livrait à une tendresse fatale. Vainement les conseils d'un ami de son père, qui faisait auprès d'Olivier office d'un tuteur, cherchaient à lui faire prendre le change; car Olivier, plein d'amitié pour le chevalier Robert, lui faisait lire dans le fond de son ame. Emporté par sa passion, il se refusait à voir ce qu'exigeait de lui la splendeur de sa naissance; mais la possession de la pauvre Marcilie lui offrait un bonheur bien supérieur à celui qu'il pourrait goûter dans une union avec la plus noble et la plus puissante damoiselle de la contrée.

Ce qui fatiguait le plus le baron de Tarabel était le tableau que le chevalier Robert lui faisait de son adolescence. « Vous êtes trop jeune, » lui disait ce respectable ami,

« pour songer à vous marier encore, vous ne vous êtes fait connaître par aucun fait d'armes remarquable, et vous voulez avoir le droit de vous affranchir des devoirs que le monde vous impose! Non, Olivier, non, vous ne pouvez le faire; et d'ailleurs, connaissez-vous ce que c'est que l'amour? vous est-il permis d'apprécier toute l'étendue de ce sentiment impérieux? A peine sortez-vous de l'enfance; un peu de temps encore, vous serez tout surpris de votre erreur, quand la maturité de l'âge vous permettra de l'apprécier. »

Olivier était loin de se rendre à des représentations semblables, il s'en irritait en secret et s'en affligeait devant son excellent ami; il gardait encore en lui sa tendresse pour Marcilie, et, courant dans les solitudes de la forêt, il rêvait avec un charme toujours nouveau, à l'état de son ame, et se rappelant les avis de Robert. Cependant il cachait sa tendresse au fond de son cœur ; la prudence et son amitié pour Robert lui commandaient ce sacrifice, ou plutôt cette retenue. D'ailleurs Marcilie avait à peine quinze ans ; pouvait-elle elle-même devenir susceptible d'un si doux feu ? Le délicat damoisel avait peine à le croire, et il voulait tout attendre du temps et de son amour.

Raoul, de son côté, nourrissait, comme nous l'avons dit, une flamme pareille. Avec toutes les mauvaises qualités de son père, il avait pareillement sa profonde duplicité. Les charmes de Marcilie étaient l'objet de ses désirs les plus violents ; et par une dissimulation perpétuelle, il ne paraissait pas s'apercevoir qu'il existât auprès de lui une si aimable personne.

Le château de Tarabel, où tant de jeunes caractères étaient réunis, eût dû être sans cesse le théâtre de la gaîté et des plaisirs ; néanmoins chacun y était grave et retenu, car des causes étrangères et surprenantes jetaient dans tous les esprits une constante impression de terreur. Depuis l'époque reculée du meurtre de l'abbé Renaud, nul n'avait voulu habiter sa chambre, où les apparitions les plus extraordinaires se manifestaient chaque nuit. Suivant le désir universel des commensaux de Tarabel, plusieurs fois, durant le règne des ténèbres, on avait entendu des cris s'élever de cet appartement redouté ; des lueurs sinistres l'éclairaient momentanément ; et à chaque anniversaire du meurtre, un éclat de rire effrayant retentissait dans les vastes galeries de cette partie du château.

Le concierge s'étant une nuit retardé dans la chambre de l'intendant, auquel il allait rendre ses comptes, vit venir à lui une femme vêtue d'une longue robe noire, qui, éclairée par une lumière blafarde, traversait le corridor menant à la salle verte; elle paraissait verser d'amères larmes; elle frappait avec véhémence sa poitrine, et tenait, de la main gauche, un poignard tout dégouttant de sang. A cette horrible vision, le pauvre concierge eut à peine la force de chercher son salut dans la fuite, et d'implorer le secours de tous les anges du paradis. Il rentra chez l'intendant qui, partageant son épouvante, fut contraint de le recevoir jusqu'au jour prochain.

On doit croire que sa langue ne fut pas muette, et qu'il raconta à chacun ce qu'il avait vu. Le sir Alain vivait alors; lui-même, imbu de l'idée de son siècle, s'empressa de faire venir plusieurs saints religieux; ils exorcisèrent les lieux, mais ils ne purent rien sur les prodiges qui s'y opéraient: un

pouvoir divin s'y opposait ; le ciel voulait
que la mesure des crimes fût comblée.

L'aumônier de Tarabel, dans une autre
circonstance, devint le témoin d'un prodige
à peu près pareil à celui que nous venons de
raconter. Ce ne fut point une femme qui se
montra à lui, mais bien damp Renaud en
personne, se roulant au milieu d'immenses
flammes, que ne pouvait éteindre le sang
coulant à flots de ses trois profondes blessures. De temps en temps, ces fantômes se reproduisaient. Les enfants, auxquels on ne
prit pas le soin de cacher ces prodiges
effrayants, en conçurent, plus que tout autre,
une crainte que l'âge ne leur fit plus surmonter. Marcilie, particulièrement, ne pouvait bannir de son imagination la figure de
cette femme, que le concierge avait décrite
avec tant de soin, et qui, depuis, s'était montrée à diverses reprises. Tantôt, dans son som-

meil agité, Marcilie la voyait se traîner à pas lents vers la couche où elle-même reposait. L'habitante de la tombe, triste et silencieuse, se penchait vers elle, et malgré ses efforts déposait sur ses lèvres un froid baiser, qui, faisant tressaillir Marcilie, la réveillait en sursaut; alors elle eût juré qu'une lueur éclairait encore la chambre, et qu'une agitation de l'air lui donnait l'assurance qu'une personne s'éloignait de son lit. Tantôt, lorsque vers le soir elle descendait à la chapelle du château pour y faire ses prières accoutumées, elle croyait entendre auprès d'elle un soupir étouffé, ou voir sur le plancher se dessiner une ombre informe qui semblait appartenir à un corps placé derrière elle. Marcilie se retournait avec vivacité, elle n'apercevait que l'espace, ou elle rejetait sur le trouble de son imagination la vapeur qui parfois se laissait apercevoir et se dissipait avec promptitude.

Tous ces faits qu'elle croyait certains, se renouvelant sans cesse, faisaient naître dans son ame une sourde mélancolie qui l'empêchait de se livrer aux éclats de la joie. Rarement cherchait-elle à se distraire de ses travaux par des jeux folâtres, elle employait ses récréations à faire de pieuses lectures, à broder de riches vêtements pour la madone de la chapelle.

Béatrix, à son exemple, ne cherchait pas les amusements bruyants; elle aimait, comme son amie, la tranquillité de la retraite; et, pareillement effrayée des visions dont la paix du château était troublée, elle ne sortait plus de sa chambre quand la nuit était venue; et là, son frère, ses deux cousins, ainsi que Marcilie, venaient la trouver: Robert s'y rendait pareillement avec le pieux chapelain, et tous les deux, pour intéresser la compagnie, leur racontaient tour à tour les exploits des chevaliers bretons à la Palestine, ou les histoires de tous les revenants que les pères de l'ordre de Saint-Benoît avaient fait entrer dans leur froide demeure. Certes ces derniers récits n'étaient point propres à bannir la terreur dont l'ame des jeunes filles était remplie. Les trois damoiseaux, plus braves, n'étaient point cependant à l'abri de toute émotion, quand le religieux représentait, en des propos superstitieux, la puissance et la malice du prince des ténèbres.

Un soir où, entre autres histoires, une plus épouvantable avait été racontée, Raoul remarqua que Marcilie regardait attentivement Olivier. Celui-ci, tout occupé de ce qu'on venait de dire, laissa éclater sur son visage le trouble intérieur de ses sens. Raoul crut le moment propice pour faire établir par Marcilie une comparaison à son avantage entre lui et Olivier; il chercha à plaisanter le chapelain et à élever des doutes sur la vérité de sa narration. « Damoisel, » lui dit le vieillard, « gardez-vous de ces semences d'orgueil et d'incrédulité, que l'ennemi des hommes cherche à faire naître en vous. D'où pouvez-vous prendre tant d'assurance? Avez-vous jamais été appelé au conseil du Très-Haut, et pourriez-vous nous fixer les manières précises dont il se sert pour exécuter ses inévitables jugements? »

Loin de se rendre à cette douce réprimande, Raoul commença de nouveau. « Hélas! moins que tout autre, vous devriez tenir un pareil langage, » répliqua le chapelain; « n'est-ce point dans ce château que damp abbé, votre père, fut assassiné par un meurtrier dont le crime ne fut jamais découvert? et n'est-ce point ici encore que votre père revient parfois pour nous demander des prières, ou pour nous annoncer son éternelle perdition? »

Ce propos intimida Raoul; mais, voyant sur les lèvres de Marcilie un demi-sourire, où il voulut reconnaître un peu de moquerie, il s'en piqua, et poursuivit la conversation sur le point où il l'avait commencée : « Je sais comme vous, vénérable, que mon père est mort d'un forfait odieux ; je sais pareillement qu'on assure que son ame inquiète vient parfois errer dans ces murailles où le crime fut commis; mais pourquoi, si la chose est véritable, ni mon frère, ni moi n'avons vu l'ombre de ce père infortuné? D'où vient qu'elle ne se montre visible que pour des varlets et pour des étrangers ? Ne formez point le désir de la voir, » dit le religieux avec empressement, « et gardez-vous de tenter les desseins de la Providence. »

Toute l'assemblée écoutait dans un silence profond les deux interlocuteurs ; chacun, en particulier, blâmait Raoul de son obstination, et le chevalier Robert essaya de le faire rentrer en lui-même. Ce fut en vain, un pouvoir étranger agissait sans doute sur le damoisel ; il reprit la parole en ces termes :

« Non, on ne me prouvera jamais que de véritables apparitions se manifestent dans Tarabel, nous sommes les jouets de quelque téméraire qui profite, dans ses intérêts, d'une manière odieuse, de la terreur qu'il répand parmi nous. — Je puis vous le jurer, nous ne sommes pas déçus par le mensonge ; la volonté du ciel agit ici, et vous devez, de peur de vous rendre coupable, l'adorer et vous taire. — Certes, cela ne sera pas ; je ne me rendrai qu'à l'évidence. Si mon père est autour de vous, s'il peut entendre ma voix, eh bien ! qu'il se montre, qu'il se montre, qu'il paraisse, je veux le voir. Je douterai de la puissance dont vous me parlez si elle ne renouvelle pas pour moi les prodiges dont d'autres yeux sont les témoins. — Impie jeune homme ! ne tentez pas la Providence ! craignez d'attirer sur vous les traits redoutables de sa colère ! — Vous ne m'ébranlerez pas ! » s'écria Raoul, toujours plus emporté par son délire, « mon père, si tu es ici, viens, montre-toi, je te verrai sans épouvante, ou je taxe de mensonge tout ce qu'on nous a dit jusqu'à ce jour. »

L'insensé jeune homme n'avait pas laissé sortir ces dernières paroles de sa bouche quand, tout à coup, une commotion sans pareille ébranla le château jusque dans ses fondements. L'effroyable éclat de rire qui, parfois, troublait le calme des nuits retentit avec un nouveau bruit ; la porte de la chambre de Béatrix s'ouvrit avec violence. « *Me voilà!* » dit une voix sépulcrale ; et dans la galerie, à la lueur d'un feu infernal, apparut l'ombre irritée de Renaud, qui, faisant de la main un geste de menace à son fils téméraire, s'évanouit dans les ténèbres épaisses.

Par un mouvement spontané, tous les témoins de cette scène épouvantable se précipitèrent aux pieds du saint religieux, espérant trouver près de lui plus de sûreté ; Marcilie et le damoisel tombèrent dans un profond évanouissement, tandis que Raoul, terrifié, restait immobile dans la position de l'effroi le plus marqué. Son frère et son cousin vinrent, le moment d'après, au secours de Béatrix et de l'orpheline ; ils cherchèrent à les rendre à la vie et on eut de la peine à y parvenir. Cependant le chapelain, saisissant une croix placée dans l'oratoire de la chambre, courut vers la galerie pour exorciser le fantôme de Renaud ; mais il avait disparu. Tout à l'intérieur était calme et une violente tempête venait de s'élever dans les airs. En ce moment, tous les habitants du château accoururent, car tous avaient ressenti le tremblement de la terre et entendu la foudroyante réponse de l'être surnaturel. Chacun demanda en grâce au chapelain de passer le reste de la nuit en prières; il y consentit facilement; et quand les deux amies furent un peu remises, on prit le chemin de la chapelle, où des exercices pieux eurent lieu jusqu'à la venue du jour. Depuis ce moment, l'indomptable Raoul partagea la gravité commune; l'amour le cédant à un plus puissant que lui s'éloigna pour un temps de son ame; mais peu à peu l'impression que le damoisel avait éprouvée perdant de sa force, il revint à aimer éperdument Marcilie.

Son frère, tout à la fois accoutumé à vivre

auprès de Béatrix, s'aperçut enfin combien elle était digne qu'on lui rendît aussi de tendres hommages. Il aima sa cousine et souhaita ardemment de lui faire partager le sentiment auquel il s'abandonnait avec délice. Arthur n'osait point encore parler d'amour ; il cherchait seulement à se rapprocher non de Béatrix, mais de sa compagne. Il voulait intéresser Marcilie à le servir, et sans cesse il trouvait un nouveau prétexte pour l'aborder, dans la pensée qu'elle lui serait favorable. Une conduite si nouvelle ne tarda pas à être remarquée par les deux secrets prétendants au cœur de l'orpheline. Olivier en éprouva tout à la fois du plaisir et de l'inquiétude. Il voyait, par l'amour prétendu d'Arthur, son amour anobli ; car enfin il ne serait pas le seul à rendre justice à cette belle personne, et en même temps il redoutait que son cousin ne parvînt à plaire, puisque, comme lui, il ne cachait pas sa passion.

Raoul, de son côté, s'irritait de ce qu'il appelait l'audace de son frère, comme si Arthur eût dû deviner le secret de son cœur. La jalousie le tourmentait avec une fureur sans pareille, et il ne rêvait qu'à chercher les moyens de rendre sensible Marcilie, ou la posséder, si elle ne voulait point partager ses feux. Plus ce jeune homme avançait dans sa carrière, plus son impétuosité augmentait; on eût dit que l'enfer avait résolu d'en faire sa proie, et de se servir de lui pour anéantir toute la postérité du coupable Renaud : aucune vertu ne brillait dans son caractère : haine, envie étaient les deux sentiments auxquels il se livrait le plus volontiers. Depuis la sinistre apparition de son père, Raoul était loin de craindre les ténèbres et la solitude : tout au contraire, il se plaisait à errer dans les lieux les plus reculés et les plus sombres; il ne s'avouait pas à lui-même ce qu'il y venait chercher; mais l'ennemi des hommes connaissait ses pensées les plus cachées : il s'en applaudissait, et, avec une infernale joie, il se promit de le faire tomber dans les piéges qu'il lui tendrait.

Raoul très souvent allait prendre sa récréation sur une haute tour de Tarabel; il lui semblait qu'à cette élévation son ame était moins oppressée, et qu'il respirait plus librement : c'était en ce lieu qu'il se plaisait à songer à Marcilie, à former les projets qui devaient lui soumettre cette belle personne. Là il haïssait plus à son aise son frère, dont il croyait connaître l'amour, et son cousin, dont également il soupçonnait la tendresse. Un jour que, plongé dans de profondes rêveries, il s'était rendu dans cet endroit, il s'assit sur un banc de pierre qui régnait en dedans des créneaux : le ciel était sombre, les nuages s'amassaient, et tout annonçait l'approche d'un orage. Raoul ne s'en apercevait pas ; il avait croisé ses mains, sa tête était penchée, et il demandait à l'enfer aussi bien qu'à la Providence de le rendre l'époux de l'orpheline. Ses regards errants çà et là se portèrent sur une dalle de pierre, au milieu de laquelle était scellé un anneau de fer. Il y fit d'abord une médiocre attention ; mais peu à peu son esprit inquiet s'en occupa davantage, et enfin, quittant son siége, il voulut voir quel pouvait être le motif qui avait fait placer un anneau dans ce lieu. Il crut qu'on avait voulu s'en servir pour élever des fardeaux ; mais ce cercle lui parut trop faible pour avoir été destiné à soutenir un poids trop considérable, et il s'imagina que ce pouvait être une chambre secrète pratiquée dans l'épaisseur de la voûte. Il eut la curiosité de s'en assurer : il se servit de son poignard pour enlever la terre qui s'était glissée dans les interstices du carrelage ; puis, employant toute sa force, il parvint peu à peu à soulever la dalle, qui était d'une médiocre grandeur. Cette entreprise terminée, il reconnut l'ouverture d'un escalier dans lequel il s'engagea ; mais il ne tarda point à revenir sur ses pas, voulant aller chercher une lampe pour se donner la facilité de parcourir des lieux où la clarté du jour pénétrait difficilement. Il se garda bien de donner connaissance de sa découverte avant de l'avoir entièrement explorée. Il parvint à se munir d'un flambeau de résine, et, l'ayant allumé, il pénétra dans l'escalier mystérieux. C'était celui par où Alice était entrée dans le château, celui qui lui avait servi à se venger d'un traître, et dont le démon voulait profiter pour faire retomber sur la race de Renaud les malédictions d'une amante infortunée.

Raoul, comme Alice, vit les portes cachées qui aboutissaient à chaque étage. Il poussa plus bas son voyage, et parvint à la trappe incendiée, qu'il dépassa pareillement. Enfin, continuant toujours sa route à travers les sinuosités du souterrain, il fut jusqu'à la grotte où Alice s'était retirée, et de là il aperçut la clarté du jour.

Raoul sentit toute l'importance d'une découverte de ce genre, et plus que jamais il se fit le serment de la garder pour lui seul. Dès lors il se crut le maître de Tarabel et de tous ses habitants, puisqu'il avait la facilité d'entrer et de sortir, lui et les siens, de cette forteresse, sans que personne pût mettre désormais le moindre obstacle à ses projets. Il connaissait l'histoire d'Alice; il savait que, depuis sa mort, les paysans de la contrée n'osaient point approcher de la caverne où elle avait vécu; et Raoul se flatta que cette crainte empêcherait toujours les curieux de découvrir ce passage secret. Il y entra, et malgré sa fermeté, il ne put se défendre d'un mouvement de terreur, lorsqu'à un angle de la route une espèce de figure blanchâtre se présenta à lui. Il mit avec empressement l'épée à la main ; mais sans doute son imagination l'avait abusé, car la vision s'était évanouie. Cependant il hâta ses pas.

Lorsqu'il fut parvenu à la hauteur du premier étage du château, il voulut voir où aboutissait la porte de fer qui était en ce lieu; il en tira les verrous, et entra, avec une nouvelle épouvante, dans la chambre où son père avait perdu la vie. Alors il lui fut expliqué avec quelle facilité l'assassin avait pu s'introduire, et se retirer sans l'apparence du danger. La lueur de son flambeau se porta sur un objet placé à terre; il voulut voir ce que ce pouvait être, et s'abaissa pour le ramasser. C'était une dague richement sculptée dans sa poignée; mais à l'instant où Raoul allait y porter la main, il sentit tout à coup l'impression d'une autre main, froide, mais invisible, qui se plaça sur la sienne, comme pour vouloir l'arrêter, et lui défendre de toucher à l'instrument avec lequel on avait tranché les jours de son père : c'était la même dague dont Alice s'était servie pour punir le traître Renaud. Tout le sang de Raoul se figea dans ses veines, et ses cheveux se dressèrent sur sa tête en éprouvant cette résistance dont la cause lui était inconnue. Il se releva précipitamment et promena autour de lui un regard effrayé; mais aucune vision ne s'offrit à sa vue. Cependant il n'osa pas tenter une seconde fois de saisir le fer couvert de rouille.

Il se recula, et, reprenant le chemin de l'escalier, il acheva son enquête, et ce fut avec une vraie joie qu'il se retrouva sur le haut de la tour, à l'heure où le soleil allait se coucher : déjà les arbres de la forêt cachaient une partie de son disque étincelant.

Raoul replaça avec soin la pierre qui couvrait l'orifice de l'escalier ; il remit la terre entre les jointures, et posa par dessus quelques brins d'herbes afin de les mieux déguiser.

Il ne savait pas encore à quel but pourrait le conduire ce qu'il venait de voir; mais il songeait que l'orpheline deviendrait sa proie, soit qu'il l'enlevât du château, soit qu'il se contentât de l'enfermer dans une des obscures cavernes qu'il venait de parcourir. Parfois néanmoins il revenait au souvenir de cette blanche figure qu'il avait cru apercevoir, ou à celui de cette main invisible dont il était certain d'avoir senti le contact. Serait-il vrai que l'ombre de son père errât sans relâche dans les lieux où sa perte fut consommée, et s'opposerait-elle aux desseins de son fils?

Raoul eût sans doute dû songer davantage aux prodiges dont il avait été le témoin; mais, aveuglé par celui qui voulait sa perte, il ne voyait que son propre contentement et ne songeait pas aux avertissements réitérés dont le ciel avait voulu employer les moyens pour l'éclairer au bord de l'abîme. Chaque jour ajoutait à sa passion; la nuit, des rêves funestes lui représentaient les charmes de Marcilie; il la voyait, parée de ses graces, lui tendre les bras, sourire à ses discours, et bientôt, devenant moins pudique et plus criminelle, répondre à ses désirs et le recevoir dans ses bras. Tantôt elle paraissait s'éloigner de lui, elle l'évitait en la compagnie d'Arthur ou d'Olivier, et alors la jalousie déchirait Raoul ; elle lui donnait des conseils perfides : il s'élançait sur le couple heureux, le sang coulait, et le fratricide n'en avait pas toute l'horreur qu'un crime aussi détestable lui devait inspirer.

Cependant, plus Marcilie avançait en âge, et elle entrait dans sa seizième année, plus elle se sentait portée vers Olivier. Les soins délicats de cet aimable jeune homme, sa beauté, son excellent caractère le rendaient digne de l'amour qu'il inspirait à l'orpheline. Marcilie, à laquelle il dérobait celui qu'il éprouvait, était consumée par cette peine secrète, cette vague douleur inséparable d'un véritable sentiment ; elle aimait, appréciait la distance qui la séparait du baron de Tarabel ; aussi, loin de lui laisser connaître ce qui se passait en elle, ce n'était qu'à l solitude qu'elle faisait ses confidences, et elle ne parlait de son ardeur qu'à l'heure où nul ne pouvait l'entendre. Elle se plaisait à répéter dans ces moments une romance composée par un célèbre trouvère de Picardie, Savary de Mauléon; elle la chantait cachée dans l'épaisseur de la forêt, où souvent elle promenait, comme Olivier, ses mélancoliques rêveries. Un jour Marcilie, épanchant son ame par ses purs accents, se croyait seule dans le lieu qu'elle avait choisi : elle était loin de penser que l'objet de son affection secrète, Olivier, l'avait suivie et l'avait entendue. Le tendre damoisel, toujours occupé de l'orpheline, l'ayant aperçue prenant la route de la forêt, y avait couru après elle; et, s'approchant à la faveur d'un épais feuillage, il ne perdait pas une parole de la romance dont nous venons de parler. L'expression que Marcilie y avait mise lui fit augurer qu'elle éprouvait ce fatal sentiment, et il trembla qu'un de ses cousins n'en fût l'objet. Il voulait d'abord s'éloigner pour échapper au trouble de son ame ; mais, réfléchissant que le moment était favorable, et qu'il valait mieux encore sortir de sa pénibe incertitude, il se décida à faire connaître à la jeune fille la flamme qu'elle lui avait inspirée.

Son aspect imprévu, et auquel elle était loin de s'attendre, la plongea dans une vive émotion. Elle ne put douter qu'Olivier ne l'eût entendue; et dès lors, persuadée qu'il pouvait deviner ce qui l'occupait, elle se livra à un embarras extrême, et une soudaine rougeur colora son charmant visage. « Je ne croyais pas, damoiselle, être importun, » lui dit le baron en s'approchant d'elle; « et sans être taxé d'indiscrétion, je pensais pouvoir troubler votre solitude. — Celui, » répondit Marcilie en baissant ses yeux étincelants, « qui, par sa bienveillance pour une infortunée, lui donne le droit de s'imaginer être sa sœur peut-il croire la déranger jamais? Il est vrai que, me croyant seule, je chantais plus librement que je ne le fais quand je suis en nombreuse compagnie.—Eh! qui plus que vous, chère Marcilie, aurait pourtant le droit d'avoir partout une égale assurance! Quelle autre pourrait se flatter de posséder une voix plus agréable, plus mélodieuse! Ah! que la modestie a de charmes quand elle s'allie à un si parfait talent! — Est-ce qu'entre frères les compliments sont permis? C'est aux étrangers à les faire, et d'eux seuls il convient de les écouter. — Si, pour vous chérir tendrement, on doit auprès de vous se taire, alors le titre que vous me donnez me serait moins précieux, puisqu'il m'empêcherait de faire éclater mon admiration; mais je vois qu'un tel propos vous déplait : je ne le porlongerai pas; une seule question me sera-t-elle permise?—N'avez-vous pas le droit de tout dire? » répliqua Marcilie, bien loin de penser à ce qu'on allait lui demander. — Je voudrais, » poursuivit Olivier d'une voix plus altérée, « connaître le chevalier auquel vous adressiez les paroles de la romance que je viens d'entendre ; si, par hasard, il s'en trouvait un qui pût prétendre au bonheur dont vous parliez. — Hélas! sire, voilà une question à laquelle j'aurais peine à répondre ; simple bachelette que je suis, dois-je songer à noble chevalier, et doit-on voir dans ce que j'ai chanté autre chose qu'un badinage? — O Marcilie! qu'il serait doux d'y démêler une pensée secrète et véritable, et que j'envie le bonheur d'Arthur ou de Raoul, si l'un ou si l'autre a obtenu cette tendresse à laquelle j'attacherais la prospérité de ma vie. »

Cette brusque déclaration était trop directe et trop précise pour ne pas surprendre l'orpheline et la ravir tout à la fois. Rien ne pouvait lui être plus doux que d'apprendre de la bouche d'Olivier l'existence d'une flamme qu'elle partageait si bien ; néanmoins une retenue impérieuse venait lui ordonner de se taire, et elle craignait de laisser apercevoir toute sa joie : tremblante devant le damoisel, elle ne trouvait point de paroles pour lui répondre ; elle en connaissait cependant la nécessité ; mais, quand la raison lui commandait le silence, l'amour se révoltait d'une pareille vigueur.

Olivier, la voyant si profondément émue, et n'apercevant sur ses traits aucune marque d'aversion ou de mépris pour sa tendresse, en devint plus hardi et renouvela ses instances avec plus de vivacité; il parla le langage séduisant d'une passion extrême, il se

montra si amoureux, que Marcilie ne put
lui présenter un front sévère ; et, cédant enfin au désir intérieur qui l'entraînait, elle
avoua au sire de Tarabel qu'elle n'était pas
insensible à sa flamme, et que le même feu
brûlait en son cœur. Oh! quel délice fit
éprouver cet aveu à celui qui le reçut! Avec
quelle ivresse s'abandonna-t-il aux espéran-
ces flatteuses de l'avenir! Il se jeta aux genoux de son amie ; il lui jura une éternelle
fidélité ; leurs bouches échangèrent les plus
tendres serments, et en même temps Marcilie, toujours conduite par une entière modestie, demanda instamment à son ami de
cacher encore sous les voiles du mystère
leur mutuel attachement. L'impétueux jeune
homme ne pouvait concevoir la nécessité de
cette conduite ; il voulait, au contraire, apprendre son bonheur à tout l'univers ; il en
était joyeux, il en tirait gloire, et le cacher

lui déplaisait extrêmement. « Nous devons néanmoins, » lui dit l'orpheline, « ne pas exciter contre nous la haine de ceux qui pourraient nous être contraires : on peut craindre votre amour pour une fille sans nom, et si jamais, vous rendant à la voix de la sagesse, vous choisissez votre épouse parmi les damoiselles des hauts barons, du moins si ma faiblesse est inconnue, je n'aurai pas à rougir un jour de mon malheur. — Quoi ! » répondit Olivier, « est-ce là le motif outrageant qui vous porte à me demander le secret qui vous paraît si nécessaire ? Craignez-vous donc de vous confier à moi, et m'accuserez-vous injustement de perfidie ? Si je vous aime, ma flamme ne sera point légère, et jamais les vassaux de Tarabel n'auront une autre suzeraine que Marcilie. »

Ainsi parla le jeune homme. Son amante

chercha à l'apaiser, et tous les deux, en pleine intelligence, rentrent dans le château, où nul encore n'avait soupçonné leur absence, et où le seul Robert pouvait connaitre l'amour du baron. La mélancolie naturelle de l'orpheline était quelque peu diminuée. Dès ce moment, elle songea moins à ses terreurs nocturnes et plus souvent à son ardeur, heureuse d'être aimée de celui qu'elle chérissait ; elle ne voulait voir que le bonheur, et chassait constamment les sombres images dont parfois son cœur était rempli.

Arthur cherchait depuis longtemps à l'entretenir, et il avait grand'peine à en rencontrer l'occasion. Olivier d'un côté, Raoul et Béatrix de l'autre, laissaient rarement l'orpheline seule, et il n'était point facile de causer avec elle, lorsqu'on avait besoin de le faire d'une manière à ne pas être entendu. Enfin, un jour où Arthur entrait dans la salle de travail, il éprouva un vif contentement à la vue de Marcilie, occupée seule au grand métier de broderie. Il se hâta de courir à elle; et après l'avoir priée de l'écouter attentivement, il entama la conversation importante qu'il voulait avoir avec elle. Il lui parla de l'attachement sans bornes que lui inspiraient les charmes de Béatrix. Il lui témoigna le désir de mériter à son tour la tendresse de cette belle personne. Marcilie, à qui les soins d'Arthur avaient donné de l'inquiétude pour son propre compte, fut charmée d'apprendre que ce damoisel ne songeait pas à elle; et, sans se faire beaucoup prier, elle lui promit de parler pour lui à mademoiselle de Tarabel. Arthur, enchanté de son extrême complaisance, la remercia avec une complète reconnaissance, et saisissant la belle main de Marcilie, il y déposa un baiser respectueux.

Le démon, ennemi de cette malheureuse famille, amena dans ce moment Raoul, qui revenait de la chasse. La vue de la caresse que son frère faisait à l'orpheline le met hors de lui-même ; et venant à celle-ci, tandis qu'Arthur se retirait, sans soupçonner avoir été surpris par le bouillant Raoul, ce dernier, disons-nous, s'adressa à Marcilie en ces termes : « A la chaleur que mettait mon frère dans les adieux qu'il vous faisait, je n'ai pas besoin de vous demander, mademoiselle, quel pouvait être le sujet de votre conversation. Je dois le deviner sans peine, et Arthur n'en eût pas agi ainsi s'il avait à se plaindre de vos rigueurs. — J'ignore, siré Raoul, » répliqua Marcilie, un peu moins craintive, depuis qu'elle connaissait son empire sur Olivier, « d'où peuvent naître les soupçons que vous vous permettez de me faire paraître. Est-ce la première fois qu'ont lieu ces légères marques d'hommage ou d'amitié? et ne puis-je, sans vous déplaire, accueillir votre frère comme il le mérite si bien?—Vous êtes la maîtresse de vos volontés, on n'a que le droit de se plaindre de vos rigueurs quand on les éprouve, et trop longtemps je me suis tu pour n'avoir pas laissé à un autre la facilité de me prévenir dans votre ame.—Vous vous plaignez à tort de ne pas avoir part à mon affection; jugez-moi plus favorablement, je vous prie; les compagnons de mon enfance me sont également chers, et je me croirais coupable si je n'avais pas pour eux une pareille amitié.—Marcilie, je vous en conjure, ne feignez pas de prendre ainsi le change; ce n'est point votre amitié que je réclame, j'ai besoin d'un sentiment plus entier, plus désirable; que mon frère, que mon cousin soient vos amis, je les verrai sans peine; mais c'est au don de votre cœur que je prétends, et c'est le don de mon amour que le mien vous offre. — Y pensez-vous, sire Raoul? et devez-vous parler ainsi à une simple fille, que tant de causes doivent éloigner de vous? Croyez-moi, souffrez que je rejette ce propos sur votre aimable galanterie et donnez un autre but à votre conversation. — Je n'ai garde d'y consentir, damoiselle; ce sera désormais jusqu'à la fin de ma vie le seul sujet dont je vous entretiendrai. Vous avez bien permis à mon frère de vous parler; aurais-je moins de droit à votre complaisance, ou lui en avez-vous accordé de plus grands à votre cœur? — Je vous le répète encore, votre frère n'est que mon ami. — Je ne pourrai jamais le croire, à moins que vous ne m'acceptiez pour votre époux.—Si, par ce seul moyen, je puis vous convaincre d'erreur, il me sera difficile de vous persuader, car il me semble impossible de me tirer de la paix et de la situation heureuse où je me trouve.

Raoul, dans son emportement jaloux, n'eut garde de laisser passer sans répondre une aussi pénible déclaration; son ardeur délirante éclata par de fortes menaces; il accusa Marcilie, il se plaignit de son frère; il jura que jamais personne ne posséderait la femme de son choix; et il se retira la rage dans l'ame, laissant la jeune fille épouvantée de tout ce qu'il lui avait dit. Elle ne crut pas devoir le répéter à Olivier et elle se contenta d'en gémir.

Raoul, furieux contre Marcilie et son frère, dont il croyait la passion réciproque, jura de se venger de ce que, mal à propos, il appelait l'injustice du jeune couple. Il forme, dans son courroux, le projet d'enlever Marcilie du lieu où elle était en sûreté contre ses entreprises, et de l'emmener dans un château qui lui appartenait en propriété, et là de contraindre par force l'orpheline, ou à lui céder, ou à lui donner sa main. Connaissant un moyen assuré de sortir de Tarabel, il pouvait facilement mener à bout cette coupable entreprise, et d'avance il se réjouit du succès qu'il en attendait. Cessant d'importuner l'objet de sa flamme amoureuse, il feignit de chercher dans le dépit le remède à sa guérison; il se retira dans une entière solitude, et ne parut plus se soucier de se montrer avec les habitants ordinaires du château.

Parmi les varlets qui se trouvaient à son service, il en était un qu'il distinguait particulièrement. Le varlet Hillerain joignait à beaucoup d'astuce une audace à toute épreuve, dont il avait donné de hautes marques dans plusieurs circonstances. Entièrement dévoué à Raoul, chaque jour il se plaignait de ne pas recevoir des ordres assez difficiles pour pouvoir faire briller ses talents dans leur exécution. Ce fut donc à lui que Raoul s'adressa : il le fit venir dans sa chambre, et là, après lui avoir fait prononcer un terrible serment, il lui confia son amour pour Marcilie, son désir de la posséder, et la crainte où il était de se voir préférer le damoisel son frère. « Certes, monseigneur, » dit Hillerain, « vous êtes bien bon de vouloir épouser une jeune fille dont personne ne connaît les parents, qui ne vous apporterait en dot ni illustration, ni profit; à peine la prendrais-je pour femme, moi qui ne suis qu'un vilain de père en fils. Croyez-moi, promettez-lui, quand vous la tiendrez en votre pouvoir, une forte somme pour qu'elle en puisse disposer à sa volonté, et alors vous verrez s'adoucir son humeur farouche; mais, avant tout, il s'agit de l'enlever de ce fort, et cela me présente des difficultés que nous ne leverons pas sans quelque peine; mais tant mieux. Si l'on pouvait aisément tout ce qu'on désire, on perdrait la moitié du plaisir. Ou la chose ne pourra pas absolument se faire, ou je me charge de la conduire à bien; nous trouverons un moyen de faire sortir l'orpheline de ces hautes murailles et une fois qu'elle sera dans la forêt, je lui donne en quatre fois pour entreprendre à y rentrer de nouveau.

Raoul dit alors à Hillerain que, grâce au hasard, il avait un moyen d'entrer et de sortir de Tarabel et il lui enseigna les secrets du souterrain. « Voilà tout notre affaire, dit le varlet; « je ne vous demande pas autre chose; convenons seulement du jour où nous enleverons votre belle; tout le reste ne nous manquera pas. » Raoul lui fit observer que, durant la clarté du soleil, de pareilles tentatives pouvaient être plus facilement déjouées, et qu'il valait mieux profiter des ombres de la nuit. « Vous avez bien raison, monseigneur, » répliqua le coupable complaisant ; « d'ailleurs nous laisserons croire que les follets, dont le château est rempli, ont voulu jouer ce mauvais tour à la damoiselle, et si l'on nous apercevait au moment de l'exécution de ce plan, eh bien ! il n'y aurait qu'à nous déguiser de manière à épouvanter le curieux, si bien qu'il n'eût plus envie de nous espionner de sa vie.

Ceci, comme on peut le croire, fut plus encore du goût de Raoul ; on décida que quatre hommes d'armes seraient introduits dans la forteresse par le passage de la grotte, que sous l'apparence d'un costume effrayant ils entreprendraient de ravir Marcilie à son amant autant qu'à ses amis. Raoul remit une forte somme à Hillerain ; celui-ci eut bientôt rencontré trois bandits, et il devait faire le quatrième.

La veille de la nuit convenue pour exécuter cet acte déloyal, Hillerain demanda publiquement à son maître la permission d'aller visiter ses parents, qui demeuraient dans un hameau au delà de Saint-Fulgens, et reçut l'autorisation qu'il sollicitait. Il était convenu avec Raoul que, réunissant ses trois satellites, tous vêtus de robes noires et rouges par dessus leurs armures, il se cacherait avec eux dans la grotte inférieure; que là ils attendraient que son maître vînt les chercher.

Raoul, avec une ardente impatience, soupirait après l'heure indiquée. Ce soir-là, il lui semblait que la veillée se prolongeait outre mesure, et cependant finit-elle à dix heures, comme c'était le constant usage du château.

Marcilie avait causé plus particulièrement avec Arthur; elle voulut lui rendre compte d'une conversation qu'elle avait eue dans la matinée avec Béatrix, et par des mots entendus de lui seul elle lui apprenait qu'il ne devait point perdre l'espérance, et que peut-être, avant peu, la damoiselle de Tarabel lui avouerait elle-même sa défaite.

La joie qu'Arthur éprouvait à ce récit ne touchait que faiblement Olivier, certain du cœur de Marcilie; mais elle était un perpétuel coup de poignard pour Raoul, et il se confirmait davantage dans la pensée que son frère et Marcilie brûlaient du même feu. Aussi, dans ce moment, il se félicitait de l'obstacle prochain qu'il allait élever entre ces deux créatures, et son affreux caractère trouvait un nouveau plaisir dans les pleurs que ces amants répandraient.

Un orage s'élevait, en cet instant, sur la contrée; les vents déchaînés tourbillonnaient en sifflant; les nuées entassées dans l'air rendaient la nuit ténébreuse, lorsque des éclairs rapides ne venaient point parfois l'illuminer; la pluie tombait avec force, et tout le déchaînement de la nature semblait à Raoul plus favorable à son dessein. Enfin la société se sépara; chacun rentra dans sa chambre, et Marcilie ne fut point la dernière à prendre ce parti; elle voulait, avant de se coucher, attendre la fin de la tempête, et elle emportait avec elle un manuscrit que le chapelain lui avait prêté, et qui était rempli des plus merveilleuses histoires. Dès qu'elle fut seule, elle ferma la porte, et, s'approchant d'une table, elle y déposa le volume, et ayant fait un signe de croix, elle commença son attachante lecture.

Dès que Raoul eut pris pareillement congé de la compagnie, il rentra chez lui, et se déshabillant en toute hâte, il eut l'air de vouloir se reposer; mais, dès que ses gens l'eurent quitté, il reprit ses vêtements et attendit en silence que la cloche du beffroi eût sonné onze heures et demie : c'était le moment où il devait commencer son entreprise. Il sortit de sa chambre, tenant son épée d'une main et une lampe de l'autre. L'orage durait toujours, les fréquents éclats de la foudre étaient répétés par tous les échos voisins, et leur fureur parut au damoisel une circonstance heureuse qui devait empêcher les habitants du château d'entendre les cris de Marcilie, si l'on ne pouvait parvenir à étouffer les accents de sa juste terreur.

Raoul, malgré son assurance, ne put se trouver seul dans les vastes galeries du château sans éprouver un frisson involontaire, et tous les motifs de terreur qu'il pouvait avoir vinrent se représenter à son imagination. Il était loin pourtant de leur céder, et, bien résolu à pousser jusqu'au bout cette criminelle entreprise, il s'aventura plus avant.

Pour abréger son chemin, il devait traverser la chambre verte, celle où son père avait perdu la vie, et, au moment où il en ouvrit la porte, il lui sembla entendre un soupir étouffé. Il s'arrêta.... et élevant son flambeau, il jeta un regard interrogateur dans la salle, et en parcourut d'un coup d'œil toute l'étendue. Il n'y avait rien qui dût l'intimider, la pluie frappait contre les vitraux, et nul autre bruit ne se faisait entendre. Il avança, et alors une voix, partant presque dans son oreille, murmura doucement ces mots : *N'y va pas! n'y va pas!!!*
Il interrompit encore sa marche; mais le

calme qui régnait dans l'intérieur de l'appartement le convainquit que son imagination échauffée lui avait seule adressé ces accents redoutables. Il se roidit contre elle, il traversa la chambre fatale, sans avoir songé à prier pour celui qui y avait péri.

Pour cette fois, le damoisel ne se soucia pas de ramasser la dague ensanglantée, quoiqu'elle fût toujours à la même place. Il évita même de passer auprès d'elle, et parvint jusqu'à la porte secrète. Il était bien assuré d'en avoir tiré les verrous extérieurs, et cependant il éprouva une résistance à l'ouvrir à laquelle il ne devait pas s'attendre : il eût pu croire qu'une main puissante les retenait par derrière. Une fois, il en eut presque la conviction; car, l'ayant tirée violemment à lui, elle céda; mais tout à coup elle se rejeta sur elle-même et se referma avec bruit. Raoul perdit sa force, et dans son délire il murmura une imprécation, et, avec désespoir agitant la porte massive, il la ramena enfin à lui, et soudain la chambre retentit de l'effroyable rire que souvent on entendait éclater dans le château. Il fut suivi d'un éclair bleuâtre et d'un coup de tonnerre tel que jamais Raoul n'en avait ouï de pareil. Certes, dans cet instant, il oublia toutes ses résolutions, et faisant plusieurs pas en arrière, il parut renoncer à son projet, tant était grand l'effroi qui descendait dans son ame. Cependant la tranquillité s'étant rétablie dans le ciel, il s'excita, et, ayant surmonté sa crainte, il reprit le chemin de l'escalier ; l'ayant atteint, il franchit rapidement les degrés, et ne s'arrêtant à aucun endroit, il parvint jusqu'au souterrain : là, il se vit contraint à reprendre haleine et à respirer une minute, se jurant bien de ne point repasser par la même route, s'il était obligé de la parcourir seul.

Tandis qu'il était dans ce lieu, un murmure de voix arriva jusqu'à lui et lui donna une nouvelle et vive émotion ; mais, ayant réfléchi que ce pouvaient être Hillerain et ses compagnons, il se hâta de les appeler, et un poids inexprimable lui fut ôté quand il en eut reçu la réponse qu'il en espérait. Son confident le premier arriva jusqu'à lui. Il lui apprit que, voyant son retard, il s'était hasardé à marcher en avant, afin de le rencontrer plus tôt. Il applaudit à ce zèle, et tous ensemble se dirigèrent vers le château; le damoisel était à la tête du cortége et dirigeait la troupe.

Comme il parvenait au degré inférieur de l'escalier, il crut voir au plus haut, et bien au delà de la trappe, la figure d'une femme qui, vêtue d'une longue draperie blanche et noire, semblait avancer comme eux et suivait une route pareille. Raoul se rapprocha

d'Hillerain, et à voix basse lui demanda :
« Ne vois-tu rien? ou mes yeux et mes sens seront-ils aujourd'hui la dupe d'une illusion continuelle? — Ma foi, monseigneur, hors vous et nos trois hommes, il me semble que nous sommes bien seuls dans des passages où il faudrait être bien téméraire pour essayer de nous suivre ; et pensez-vous que quelqu'un en aurait la possibilité ou l'envie?

Raoul ne dit rien, car il craignait de faire soupçonner son courage, et cependant il n'était pas moins certain pour lui qu'un être extraordinaire l'attendait à la cime de l'escalier. Cette vision tout d'un coup se retourna, et lui laissa voir la vive ressemblance de Marcilie, mais pâle, mais défigurée, et animée d'une infernale joie. Ah! plus que jamais une affreuse épouvante s'empara de son cœur; il fut incapable de poursuivre sa route, et, s'appuyant contre la muraille, il essaya de passer à plusieurs reprises sa main sur ses yeux, espérant par là chasser ou détruire l'illusion qui l'obsédait : « Allons, monseigneur, » lui dit Hillerain, pressons-nous; le temps se passe, il faut se hâter d'achever notre besogne, il doit être bien au delà de minuit.

Ces mots excitèrent Raoul, il baissa la tête et continua de monter. Parvenu au haut des degrés, il pénétra dans la chambre, et là, plus distinctement encore, il put regarder cette vision épouvantable qui, se penchant, prit la dague qui, depuis tant d'années, était demeurée sur le plancher, et, la regardant avec un rire féroce, passa sous les rideaux du lit ; en même temps l'affreux éclat de rire retentit, et l'on entendit distinctement le fer retomber sur la terre, et il parut souillé d'un sang tout nouvellement versé....

Certes, cette fois, Hillerain partagea l'épouvante de son maître. Les trois soldats étrangers au château, et qui ignoraient l'histoire des apparitions dont il était le théâtre, devinèrent bien aisément que quelque chose de surnaturel agissait dans ce moment.... Tous s'arrêtèrent à la fois, et machinalement portèrent la main sur leur épée, prêts à la tirer pour faire face à un danger dont ils ne voulaient pas apprécier l'étendue.

« Qu'est-ce donc qui rit si horriblement? » dit un d'entre eux à Hillerain. « Bon, » répliqua celui-ci en cherchant à prendre une assurance qu'il n'avait pas, « tu prends pour une gaîté les éclats de la foudre. — En tous cas, si c'est le tonnerre que nous avons entendu, c'est pour la première fois de la vie qu'il gronde de cette façon-là; mais on ne nous a pas fait venir ici pour avoir affaire avec les gens de l'autre monde; car, dans ce cas, on peut quadrupler la récompense promise, et encore même je ne sais pas qui voudrait se charger de la gagner. — Je crois que tu as peur ? » répliqua Raoul avec hauteur; « il fait beau voir un homme d'arme pâlir de crainte, parce qu'il se trouve dans une chambre abandonnée. — On a eu sans doute ses raisons pour cesser d'habiter une si belle demeure; peut-être que les visites qu'on était forcé d'y recevoir n'étaient pas du goût de tout le monde. Quant au manque de courage que vous me reprochez, souhaitez, monseigneur, dans vos intérêts, de ne jamais en faire l'épreuve, et ne nous rencontrons point en rase campagne, chacun dans un parti opposé, mais combattant moi pour le grand roi de France et vous pour votre noble duc de Bretagne, il pourrait vous en mal arriver.

Hillerain, voyant la colère qui se peignait dans les traits de Raoul à cette apostrophe imprudente, s'adressa au soldat : « Il est bien convenable, Jacques, qu'un soldat tel que vous manque de respect à un damoisel tel que sire Raoul, surtout quand vous êtes à sa solde; eh! qui vous a dit que vous étiez sans bravoure ? il faudrait, pour tenir un pareil propos, ignorer que vous avez fait vos preuves, et si vous ne les aviez point faites, on ne vous eût pas choisi pour cette expédition. »

Ces adroites paroles calmèrent une discussion qui eût pu avoir des suites, et en même temps elles donnèrent une nouvelle direction aux idées, en empêchant de réfléchir sur ce qu'on avait pu entendre d'extraordinaire. Le fantôme avait disparu ; on n'entendait plus que le roulement du tonnerre qui ne cessait de gronder dans les cieux, et la tempête était loin d'être apaisée.

Raoul, après un moment de repos, crut

pouvoir continuer son chemin. Il passa de la chambre verte dans la galerie, et soudain la voix faible et étrange qui s'était déjà fait entendre à lui, lorsqu'il allait chercher ses satellites, vint de nouveau répéter à son oreille : *N'y va pas ! n'y va pas !!!* Ce mystérieux avertissement le confondit encore, il ne savait à quoi il devait se résoudre, et penchait déjà à admettre la possibilité que son audace déplaisait d'une façon particulière à la divine Providence, quand, dans l'éloignement, il revit cette femme mystérieuse qui, se tournant à demi, lui faisait un signe impérieux comme pour lui enjoindre de ne pas se laisser intimider. La singularité de cette injonction redonna à Raoul du courage dont il commençait à manquer. Il crut au contraire, dès ce moment, qu'un pouvoir supérieur lui devenait favorable, et il chemina moins effrayé. Ses gens le suivirent ; mais ils ne conservèrent pas longtemps leur sang-froid ; car, à l'instant où Raoul, approchant de la chambre de Marcilie, se préparait à y frapper, un nouvel objet d'épouvante se développa ; un spectre hideux sembla s'élever de terre et se plaça entre la porte et les audacieux... Oh! Dieu!.. de quelle terreur Raoul ne fut-il pas saisi en reconnaissant les traits de son père tel qu'il s'était naguère montré à lui!

Pour cette fois, le coupable demeura immobile; il ne fut pas possible de comprimer son effroi et moins encore de retenir près de lui les soldats qui, à la vue du fantôme sanglant, prirent la fuite avec une vitesse sans pareille, et, malgré les supplications d'Hillerain, qui cherchait à leur donner un peu de fermeté, ils reprirent le chemin de la chambre verte, de l'escalier et du souterrain, et ne se crurent en sûreté que quand ils se trouvèrent en rase campagne. Vainement, le varlet, par l'appât de l'or, voulut les ramener avec lui, tous les trois lui jurèrent que de leur vie ils ne reviendraient dans le château de Tarabel, et que de ce pas ils allaient chercher un bon prêtre pour lui confesser leur péché et en faire pénitence. « Pouvons-nous espérer une longue vie, » disait Jacques, « nous qui avons vu la mort face à face ? car, hors elle, que pouvait être ce spectre effrayant ? »

Tout ce qu'Hillerain put obtenir fut la promesse d'une discrétion dont il leur démontra tous les avantages, et le cœur désolé, il se sépara d'eux, sans oser néanmoins retourner auprès de son maître ; car il éprouvait aussi sa part de cette épouvante si naturelle à ceux qui avaient été les témoins de ce qui s'était passé dans le château de Tarabel.

Laissous ces malheureux et retournons à Raoul, que nous avons montré en face de l'ombre sanglante de son père qui, d'un air irrité, lui ordonnait de s'éloigner. Le malheureux jeune homme, vaincu par sa terreur, ne pouvant plus commander à sa faiblesse, tomba à genoux, et, dans une posture suppliante, implora le pardon de sa faute. Il demeura longtemps dans cette position, et quand il releva sa tête abaissée, l'ombre vengeresse s'était évanouie. Raoul se trouvait seul avec ses remords et son amour.

D'un pas chancelant, il regagna sa chambre ; et cependant il eut assez d'énergie pour aller soigneusement refermer la chambre du meurtre, comme on appelait dans le château, celle dans laquelle venaient de se passer les véridiques événements dont nous venons de rendre compte. Mais à peine Raoul fut-il dans son lit, qu'une fièvre impétueuse venant à le dévorer, il fut livré au délire le plus pénible, et ses gens, le lendemain matin, le trouvèrent singulièrement affaibli.

Ce ne fut qu'avec une peine extrême qu'il put se lever, et quand il se montra au salon avec le reste de la famille, chacun demeura frappé de sa pâleur et de son air de souffrance; mais c'était en vain que le ciel voulait l'éloigner de l'inceste; plus une intervention naturelle se manifestait, plus les obstacles augmentaient, et plus la passion de Raoul était exaltée. Ce malheureux, possédé par un démon qui ne le laissait pas respirer, formait à tout instant de noüveaux plans et craignait de les mettre à exécution, ne pouvant perdre le souvenir des prodiges qui s'étaient manifestés à lui durant la nuit où il avait voulu enlever l'orpheline. Un pouvoir cruel en même temps le poussait vers le crime.

Dans son sommeil, il revoyait souvent cette femme mystérieuse dont l'étonnante ressemblance avec Marcilie l'avait naguère frappé; elle ne lui parlait que d'amour, elle le conduisait près de son amante, elle l'invitait à la presser dans ses bras; et quand Raoul exécutait cet ordre qui lui paraissait si doux, un coup de tonnerre se faisait entendre, le sang ruisselait de toutes parts, et le damoisel était réveillé en sursaut par l'infernal éclat de rire que si souvent il avait entendu. Peu à peu il perdait la santé; sa gaîté avait disparu; il ne rêvait qu'à un amour qu'il ne pouvait obtenir, qu'à un bien qu'il perdait l'espérance de posséder.

Hillerain était revenu près de son maître, et il avait pris un autre caractère; ce n'était plus le même homme; depuis la désastreuse nuit, ses conseils ne tendaient plus à la perte de son maître; il redoutait pour lui-même le courroux du ciel et le juste châtiment qui en est l'inévitable suite; aussi avait-il cessé de plaire à Raoul. Ce dernier préférait entendre dans ses rêves l'astucieuse créature qui, le portant au mal, flattait chaque nuit sa passion, et dans ses promenades solitaires il implorait ce génie, le suppliant de venir à son secours, et de lui prêter un appui assez fort pour qu'il pût parvenir à se rendre maître de l'innocence et des charmes de Marcilie.

Béatrix, ainsi que Marcilie l'avait annoncé à Arthur, commençait également à apprécier les soins que ce damoisel lui rendait et à payer sa flamme d'un sincère retour; mais, par une manie ordinaire à un jeune cœur, elle s'obstinait à ne point révéler principalement à son frère ce qui se passait dans son ame, et, satisfaite de l'avouer à l'orpheline, elle aimait en silence.

Arthur cependant, instruit par cette dernière, connaissait une partie de son bonheur; mais ce n'était pas assez, il voulait plus encore, il lui fallait obtenir, de la bouche même de Béatrix, cet aveu auquel un amant attache une si haute importance et que la damoiselle s'opiniâtrait à lui refuser. Dès lors, assidu plus que jamais auprès de Marcilie, il la suppliait de parler pour lui, d'engager son amie à mettre un terme à sa résistance, et Raoul, témoin de ces fréquentes conversations, plus que jamais se livrait à une impétueuse jalousie. Olivier lui-même n'en était point exempt; les assiduités de son cousin auprès de son amie commencèrent à lui devenir importunes; il pensait, ce bon jeune homme, que difficilement on pouvait voir Marcilie sans pouvoir s'éprendre pour elle; et qui sait si, à son tour, l'orpheline ne finirait point par être inconstante?

Guidé par cette pensée, il chercha et eut avec elle une explication où Marcilie, malgré son vif désir de garder le secret que les deux amants lui avaient confié, fut contrainte, pour calmer le souci du baron de Tarabel, de lui avouer toute la vérité dont, jusqu'à cet instant, elle ne lui avait fait connaître qu'une partie.

Olivier était loin de mettre obstacle à une tendresse si naturelle, il voulut chercher les moyens de forcer Arthur et Béatrix à le prendre à son tour pour confident de leur flamme; et pour cela il imagina, ou plutôt la cruelle Alice, dont l'esprit malfaisant errait sans cesse dans le château, lui suggéra l'idée d'engager Marcilie à réunir nuitamment la damoiselle et Arthur dans la chambre où lui, Olivier, irait les surprendre. Marcilie, poussée par je ne sais quel instinct, se refusa longtemps à se prêter à une supercherie pareille; cependant Olivier insista si fort, qu'elle ne put toujours le combattre : mais il fallut décider Béatrix à une telle démarche, et ce n'était point facile, d'après surtout la connaissance que l'orpheline avait de l'extrême timidité de son amie. Cependant celle-ci aimait, et à son âge, quand l'amour nous gouverne, il est difficile de lui résister longtemps; elle n'était pas fâchée d'entendre Arthur lui parler de sa passion, elle songeait aussi que le moment où il ne fallait plus dissimuler la sienne était enfin arrivé.

Marcilie, ayant obtenu son consentement pour cette entrevue, en parla à Arthur qu'elle combla de joie. L'aimable jeune homme en fit les plus sincères remercîments, et en se séparant : « A ce soir, » se dirent-ils l'un à l'autre; « à minuit, et n'y manquez pas. »

Ce propos avait été tenu près de la porte

de la grande salle qui se trouvait ouverte, et devant laquelle était une portière de riche velours, alors abattue. Favorisé par elle, Raoul s'était approché doucement de son frère et de son amie, et il entendit ces dernières paroles ; elles furent pour lui un coup affreux qui lui sembla celui de la mort. La rage surtout était extrême, d'apprendre tout à la fois, de la manière la mieux équivoque, que Marcilie aimait Arthur, et oubliait pour lui cette pudeur dont elle se parait avec une si impudente hypocrisie. «*A ce soir*,» murmurait-il tout bas, «*à ce soir*. Oui, vous m'y verrez aussi, femme impudique et dissimulée ; je serai témoin à ton rendez-vous, ou plutôt je me charge de le troubler de telle sorte que tu ne puisses jamais le recommencer.»

L'enfer écouta ses menaces et tressaillit de plaisir ; les démons environnèrent Raoul et, durant tout le reste de la journée, le poursuivirent de leurs fureurs ; ils animèrent le désespoir dans son ame, ils y appelèrent la colère, la jalouse fureur, la haine la plus active et, par dessus tout, un impétueux besoin de vengeance. Ce malheureux ne s'appartenait plus; poussé au crime, il s'y précipitait lui-même, et les décrets éternels qui punissent les crimes des pères sur les enfants allaient sans retour s'accomplir.

Durant cette journée et à diverses reprises, les habitants du château entendirent retentir les accents de la gaîté féroce de la vindicative Alice ; son fantôme, qui, sans trêve, errait dans Tarabel, se réjouissait horriblement de la catastrophe qui se préparait, tandis que l'ombre de Renaud, désespérée et silencieuse, tremblait de ne pouvoir empêcher l'anéantissement total de sa race. Plus d'une fois, il essaya de se montrer à l'un de ses fils; mais toujours les démons dont il était la proie s'opposèrent à son projet; un bras plus fort que le sien, sans l'écarter du fatal château, ne lui permettait pas de joindre Raoul ou Arthur, et en même temps Alice lui montrait son fils aîné prêt à succomber sous le fer du second. Une morne tristesse remplissait tous les esprits des humains habitants de Tarabel; chacun, sans la deviner, redoutait quelque nouvelle infortune; l'épouvante était si générale, que Béatrix supplia Marcilie de remettre à un autre temps l'entrevue qu'elle avait préparée; mais la malheureuse orpheline, instrument, sans s'en douter, du complot infernal de sa mère, possédait seule, dans cette circonstance, la fermeté dont sa compagne manquait. Olivier, instruit par elle, se retira de bonne heure, et toute la compagnie suivit son exemple.

Il alla dans sa chambre attendre le moment convenu où il devait paraître devant les deux amants.

Raoul, comme nous l'avons dit, était plongé dans un effrayant délire ; il ne s'appartenait plus, il marchait à grands pas dans sa chambre, écoutant les premiers conseils que des êtres invisibles donnaient à son cœur. Enfin l'heure sonna, et sans plus attendre, muni d'une lanterne sourde, il s'élança par le corridor par où son frère devait passer. En cheminant, il entend du bruit devant lui, comme eût fait une robe traînante sur le plancher ; il dirige sur ce point la clarté qu'il porte avec lui, et voit en effet cette femme mystérieuse qui, à plusieurs fois, avait paru vouloir guider ses pas. Cet aspect, loin de porter l'effroi dans son cœur, lui parut une preuve qu'une puissance surnaturelle voulait l'encourager dans son projet; il en sentit redoubler son ardeur furieuse et en marcha avec plus d'intrépidité. Comme il approchait de la chambre de Marcilie, il se rappela tout à coup que, dans son impatience à venir où l'appelait une cruelle inquiétude, il avait oublié de s'armer, et qu'il se trouvait sans moyens de se défendre ou plutôt de combattre. Le malheureux ! c'était son frère qu'il allait quereller, et il se plaignait de se voir hors d'état de lui arracher la vie ! Sa demeure était à une autre extrémité du château ; il craignait, s'il y retournait, de donner à Arthur le temps d'entrer chez Marcilie, et c'était principalement ce qu'il ne voulait pas souffrir.

Dans le temps qu'il se plaignait de son oubli, une subite réflexion vint lui rappeler que, dans la chambre du meurtre, était la dague qui avait tranché la vie de son père et qu'il pourrait l'aller chercher. Il ne voulut pas se rappeler qu'une puissance inconnue l'avait empêché de s'en servir; et, dans l'ivresse fatale qui l'égarait, il oublia pareillement de quel sang ce fer était souillé. Comme il se livrait à cette pensée, une lueur blafarde éclaira la galerie; Alice se rencontra à lui; et ouvrant la porte de la salle où était la dague, elle fit signe à Raoul de venir se saisir de cet instrument de mort. L'infortuné damoisel, que tout l'enfer poursuivait, ne recula pas d'horreur à cette odieuse invitation; il marcha précipitamment vers la chambre du meurtre, et, y entrant, la même voix que par deux fois il avait entendue lui répéta ce sinistre avertissement : *N'y va pas! n'y va pas!!!* Mais qui eût pu l'arrêter? Enivré par sa passion, il ne pouvait plus écouter qu'elle; l'apparition d'Alice, qu'il ne connaissait nullement, semblait lui donner une protection assurée, et alors il ne voulait voir que ce qui flattait les désirs de son cœur. Il courut à la dague, et, la saisissant d'une main forte, il lutta un instant contre le bras invisible qui, de nouveau, s'obstinait à la lui arracher. Ici éclata encore le rire du démon qui s'applaudissait du forfait qu'on allait commettre.

Cette joie exécrable troubla Raoul. « Serait-ce ma perte qu'elle proclamerait ? » se dit-il ; et, en parlant ainsi, il fixait la méchante Alice, qui s'était retirée dans la partie la moins éclairée de l'appartement. Elle devina facilement la pensée du damoisel, et glissant sur-le-champ devant lui, elle reprit le chemin de la galerie, comme pour le conduire à la demeure de Marcilie. Le beffroi fit entendre ses douze coups : c'était l'heure convenue ; et Arthur, qui l'attendait avec impatience, sortit de chez lui et se rendit où il était attendu.

A l'instant où la veillée avait fini, les deux jeunes personnes s'étaient retirées ensemble. Béatrix avait consenti à suivre Marcilie, et toutes deux après une fervente prière, cherchèrent à passer le temps en faisant à haute voix la lecture dans le manuscrit curieux que le chapelain avait prêté à Marcilie. Les deux amies s'occupaient en ce moment de l'histoire effrayante d'un roi d'Écosse, qui, à un bal où il avait appelé tous les grands de sa cour, y vit paraître les spectres de la mort et de la guerre, qui, semblant prendre part à la gaîté publique, dansèrent au milieu des spectateurs épouvantés. Cette narration effrayante ne mettait pas les damoiselles dans une situation paisible, lorsque la page du manuscrit se trouva tout à coup tachée de cinq gouttes de sang qui y tombèrent presqu'à la fois, et un profond gémissement se fit entendre dans la chambre.

Par un mouvement spontané, Béatrix et Marcilie tombèrent dans les bras l'une de l'autre, en poussant un cri à demi étouffé par la terreur. Immobiles et tremblantes, elles n'osaient point jeter leurs regards autour d'elles, dans la crainte d'apercevoir une sinistre apparition; et, du plus profond de leurs ames, elles implorèrent le secours du Tout-Puissant.

Dans cet instant, un tumulte épouvantable se fit entendre dans la galerie voisine; bientôt tout le château fut en mouvement. Les femmes de Béatrix accoururent auprès de leur maîtresse, et l'on vit, à la clarté de plusieurs flambeaux, le plus épouvantable et le plus tragique de tous les spectacles.

Nous avons laissé Arthur s'acheminant au coup de minuit vers la salle où il avait trouvé Marcilie et Béatrix. Il avançait sans précaution, éclairé dans sa marche par la pâle clarté de la lune, et ne soupçonnant pas qu'un fratricide veillait près de lui. Raoul, furieux et égaré par le fantôme qui avait juré la destruction totale de la race de Renaud, attendait le moment de frapper la victime; et quand Arthur passa auprès de lui, il lui porta deux coups de dague, qui firent au damoisel une blessure mortelle. Tout à la fois Arthur crie au secours, et un dernier éclat de rire se fait entendre.

Olivier veillait, de son côté, à quelque distance de ce lieu; la voix plaintive de son cousin parvenait jusqu'à lui, il se hâta d'accourir vers l'endroit d'où elle partait; et mettant son épée à la main, il essaya de frapper l'assassin qui paraissait vouloir s'enfuir, mais qui ne le pouvait, car l'ombre d'Alice s'approchant de lui, par une force invincible, semblait le retenir à sa place et le contraignait à ne pas le quitter. Arthur cependant, quoique blessé à mort, avait tiré son glaive; prévenant Olivier, il l'enfonça dans la poitrine de Raoul, qui tomba en poussant un profond soupir.

Cependant un éclat terrible de tonnerre se fit entendre; toutes les portes du château furent spontanément ouvertes, et les fortes chaînes du pont-levis ne purent même les retenir. Olivier appelait à grands cris ses varlets. On accourut de toutes parts, et ce fut pour voir les deux frères perdant la vie avec leur sang. Cet événement funeste plongea tous les assistants dans une douleur profonde. Béatrix, éperdue, serrait dans ses bras le malheureux Arthur et déplorait la fatalité de sa destinée. Le chapelain, un goupillon à la main, exorcisait les esprits des ténèbres, et de lugubres hurlements répondaient à ses adjonctions. On vit plusieurs fois le fantôme d'Alice poursuivi par celui de Renaud

passer et repasser rapidement dans la galerie
et fuir vers la chambre du meurtre, où toutes ses apparitions se terminèrent à la fois.

Dès cet instant, le damoisel Olivier forma
le projet d'abandonner pour quelque temps
le château de Tarabel qui lui devenait odieux,
et bien lui en prit, car, dès la nuit suivante,
après qu'il l'eut quitté, de nouvelles clameurs
se firent entendre ; les spectres des deux
frères se joignirent à ceux de leur père et de
son amante impitoyable, et depuis ces époques reculées, tous les ans, aux deux anniversaires du double assassinat, le repos des
nuits est troublé dans cette forteresse.

Marcilie, emmenée par Olivier, tomba dès
lors dans une sombre mélancolie. Elle voyait
auprès d'elle sans relâche une figure qui lui
montrait la terre comme un asile prochain.
Elle sentait sur son cœur un poids accablant
qui l'étouffait; son sommeil était constamment

agité par des rêves horribles. Vainement Olivier lui témoignait un constant amour, rien ne pouvait la distraire; chaque jour, elle descendait vers la tombe, où elle entra au bout de l'année révolue. Béatrix prit en même temps le voile, et le triste Olivier, que rien ne put consoler de cette douloureuse perte, ne chercha que longtemps après, dans un hymen auquel le contraignirent ses parents, à prolonger l'existence de sa race, qu'il eût souhaité de voir éteindre en lui.

Les Brigands et le Pèlerin du Crucifix.

On sortait de la Terreur; il y avait, entre le Berri et la Sologne, un antique château; les maîtres, rudement frappés d'ailleurs par la révolution, avaient sauvé du moins leur vie, et ils tâchaient, par une retraite économique de plusieurs années, de regagner ce qu'en si peu de temps les malheurs publics leur avaient ravi. On voyait peu de monde dans ce château ; on ne donnait jamais de ces *galas* qui, à la campagne, attirent tant de parasites affamés; en revanche, on y exerçait généralement une hospitalité large et magnifique; la table de famille était abondante, on y mettait toujours une foule de mets sains et nourrissants qui, par leur profusion, dispensaient de toute cérémonie.

Un soir, l'hiver approchait à grands pas, un tumulte se fait entendre à la porte extérieure, c'est un général de la république avec ses deux aides de camp; il va commander à Châteauroux, et la nuit l'a surpris dans les plaines monotones de la Sologne; il demande le couvert et place au feu.

« Il aura davantage, » répondit le maître de la maison ; « lui et ses aides de camp seront les bienvenus.»

A cette réponse, les trois voyageurs mettent pied à terre; on conduit leurs chevaux à l'écurie, et eux au salon. Mais qu'ils ont peu l'habitude de la bonne compagnie! leur tournure, leurs expressions annoncent des *chenapans* de pur sang; cependant on se ressouvient des formes de Rossignol, de Ronsin, de Santerre, d'Henriot, et on les excuse. La mère du maître du château, vénérable et pieuse matrone, très avancée en âge, éprouve, à leur aspect, une telle aversion, qu'elle va se réfugier dans son oratoire, et là elle prie Dieu avec ferveur, le conjurant de ne pas abandonner une maison où il était si bien adoré et où l'on chérissait tant le roi.

La prière, dit-on, soulage certains esprits; cette dame rentra au salon plus calme et avec moins de dégoût; elle contempla leur mise commune, leurs physionomies patibulaires, et quand elle entendit leur conversation si bien en harmonie avec leur personne, elle leur donna la plus belle chambre du manoir, tant elle craignait de ne pas les traiter assez bien à leur gré. Ils se retirèrent, et, en leur absence, on convint que sur leur aspect seul on les pendrait. Il y avait dans le château l'aïeule, le père, la mère, un jeune homme de dix-huit ans, deux jeunes filles de quatorze et de seize, une tante, deux servantes et deux laquais ; en tout onze personnes, maîtres et gens, mais mal armés et incapables d'une résistance sérieuse.

Le souper vient d'être servi, on a averti les trois militaires ; ils arrivent; ils ont la parole arrogante, le verbe haut, on les voit prêts à chercher querelle à tout le monde ; la prudence du père arrête l'impétuosité du fils porté à se fâcher... Sur ces entrefaites, on sonne au dehors ; le général et ses aides de camp sourient en échangeant des regards mystérieux que le jeune homme et l'aïeule surprennent. Le maître du château dit de ne plus recevoir personne.

«Hormis, toutefois,» reprend le général, «deux ordonnances qui sont, je présume, à ma recherche.»

Que dire? on se tait, et le soupçon gagne les assistants. Les deux domestiques mâles étaient allés ouvrir, ils introduisent, non ceux que les militaires avaient annoncés, mais un homme de haute stature, ayant la figure pleine de bienveillance et de douceur, belle d'ailleurs et on ne saurait plus noble; ce personnage peut avoir à peu près quarante ans, son costume est en tout conforme à celui des pélerins de Saint-Jacques, rien n'y manque, ni le rochet, ni le bourdon, ni les gourdes et les coquilles, non plus que le vaste chapeau de toile cirée. Dès qu'il a mis le pied dans la salle, il s'arrête, fait un signe de croix, et dit d'une voix ferme, mais mélancolique :

« Que la paix du Seigneur soit avec vous, et qu'il vous préserve des embûches nocturnes du méchant ! »

La singularité de ces paroles, la bizarrerie d'un accoutrement que l'on ne portait en France qu'à ses risques et périls, étonnent les assistants. La bonne vieille dame, charmée de ce salut pieux, complimente le pélerin, tandis que les militaires, en ricanant, l'appellent fourbe et hypocrite; ajoutant : « Va, drôle, l'habit ne fait pas le moine.

— Il est vrai, » répliqua le pélerin, « pas plus que l'uniforme ne fait l'officier. »

A ce propos, les aides de camp se lèvent pour fondre sur lui; il les écarte de la main tandis que d'autres les retiennent, et il poursuit :

« Eh ! messieurs, vous feriez mieux de

purger le pays de la bande des brigands qui l'exploitent, que de tomber à deux sur un pauvre pêcheur. Au reste, qui menace du glaive périra par le glaive. Dieu est las des crimes commis, et sa vengeance tardera peu à éclater. »

L'expression remarquable qu'il met dans ces paroles, en rassurant les habitants de la maison, intimide les autres. Le général, prenant la parole avec moins d'aigreur, dit :

« Mon ami, tu sens le fagot, cette qualification de *messieurs* dont tu t'es servi et que nous détestons, ces fanfreluches superstitieuses dont tu te pares, tout cela ne me dit rien de bon, et demain tu m'as la mine d'aller rendre compte de ta conduite à la municipalité du lieu.

— Il est sûr, » dit le pèlerin, « que demain on vous interrogera.

— Faquin, drôle, » s'écria le général, « je te

passerai mon épée au travers du corps.»

On retint cet accès de colère, et le souper fut continué; le pélerin ne composa le sien que d'une croûte de pain, d'une seule figue sèche et d'un verre d'eau. Cette frugalité ne nuisit pas à sa conversation, sérieuse, mais nourrie de hautes pensées; il imposa aux *chénapans*, qui finirent par garder un morne silence et qui se retirèrent lorsqu'ils virent les préparatifs d'une prière en commun que l'on allait faire : ce fut en ricanant, en jurant, en chantant des chansons obscènes, qu'ils passèrent dans leur chambre, où ils s'enfermèrent à double tour.

Le pélerin, au contraire, dirigea le pieux exercice; sa méditation improvisée fut sublime; on l'en remercia, et le fils de la maison le contraignit à accepter son lit en place de celui d'un domestique qu'on lui avait d'abord préparé... Tout le monde dormait... Au coup d'une heure, l'aïeule fut réveillée par l'effet d'une lumière éclatante qui remplit ses yeux, elle les ouvrit et reconnut devant son lit le pélerin tout habillé qui lui fit signe de se lever, de s'habiller et de le suivre. La bonne dame étonnée, mais poussée, à ce qu'elle a dit depuis, par une puissance surnaturelle, obéit sans résistance. Pendant ce temps, le pélerin réveillait aussi le fils de la maison, en était également écouté, et le conduisait dans le corridor au même moment où la grand'mère y arrivait; il y eut un instant où le pélerin leur parut double; mais cela dura si peu de temps, qu'ils n'ont rien osé affirmer. Alors, cet inconnu, toujours sans mot dire, les conduisit devant la chambre où reposaient les prétendus militaires; il la toucha de son bourdon, elle s'ouvrit, il entra, on le suivit; il y avait, sur les tables, les chaises et les meubles, des échelles de cordes, des poignards, des pistolets, des clefs, des limes, des pinces, des barres de fer, tous instruments connus de vol. Les trois misérables paraissaient endormis d'un profond sommeil; la vieille dame témoigna de la crainte en s'approchant d'eux.

« Ils dormiront jusqu'à demain; rendez grâce à Dieu et à la piété de la famille. »

Ainsi parla le pélerin..., et disparut. Les ténèbres revinrent avec son absence, et l'aïeule et le fils de la maison se trouvèrent, non dans la chambre de leurs hôtes, mais chacun dans la sienne, couchés dans leurs lits et baignés de sueur..... Ils crurent avoir fait un rêve pénible. Ne pouvant s'endormir, ils sont les premiers à se lever, ils se rencontrent, se font part de leurs songes et en admirent la coïncidence. Cependant on entend dans la campagne un piétinement de chevaux... Qu'est-ce?... la gendarmerie; elle était à la piste de trois chefs de brigands; le signalement remis au jeune homme se rapporta à celui des trois individus qui, la veille, étaient venus demander l'hospitalité à son père. Il en fit la remarque, et quand il eut parlé d'un général et dit le nom qu'il s'était donné, les gendarmes ne doutèrent pas que ces hommes ne fussent ceux qu'ils poursuivaient; d'ailleurs ils savaient que le château, pendant toute la nuit dernière, avait été environné d'une multitude de voleurs en sous-ordre, qui semblaient, d'après le rapport des dénonciateurs, attendre un signal qu'on n'avait pas donné.

En conséquence, on entra, on alla droit à la chambre indiquée, on la trouva ouverte, bien que la veille on l'eût verrouillée, et la grand'mère et le petit-fils, à leur effroi extrême, aperçurent, tout comme ils l'avaient vu en rêve, les instruments du vol à la même place que pendant la nuit; les trois bandits, réveillés d'un sommeil léthargique, n'opposèrent aucune résistance, ils avouèrent tout, ajoutant qu'ils ne pouvaient concevoir le sommeil invincible qui les avait surpris tout à coup et malgré eux.

Cependant on parla du pélerin, et, surpris de ne pas le voir, on courut à sa chambre où sans doute il reposait..... Il n'y était plus, il avait disparu, sa trace fut à jamais perdue, mais sur le lit où il avait dû coucher, on trouva un Christ d'ivoire d'une grandeur surprenante et d'un travail miraculeux.

Le Vampire et la Police.

Un jour où l'empereur m'avait retenu plus longtemps qu'à l'ordinaire, le ministre de la police, duc d'Otrante, fit demander une audience prompte.

« Voyons ce qu'il veut, » dit Napoléon.

« Prince, restez; j'aime assez à avoir un témoin de ses œuvres. »

L'empereur commençait à se méfier de lui. Fouché entra; il parla d'abord de police générale, puis il dit :

« Un fait bien étrange se passe dans la rue Saint-Éloi, hôtel Pepin; il est arrivé là un individu, il y a douze jours, nommé Rafin. Ses papiers, remis au propriétaire, ont paru suspects; on a environné cet homme d'une surveillance spéciale. Le jour, il va dans diverses maisons : il est très bien mis; sa figure est agréable, bien que sévère. Le soir, il sort de l'hôtel à onze heures précises, prend souvent un fiacre, d'autres fois va à pied, toujours vers le même lieu, le cimetière du Père-Lachaise, et, chaque fois qu'il y arrive, mes agents le perdent de vue; mais, à quatre heures du matin, on l'aperçoit aux environs de ce cimetière; il reprend alors le chemin de l'hôtel Pepin, où il arrive avant le jour. Ce manége répété a excité la surprise de mes hommes. On suit Rafin, presque pas à pas, on le peut; c'est facile pendant le trajet. Mais, aux approches du cimetière, le moment arrive toujours où on le perd de vue. On a posté du monde dans l'intérieur : ceux-là n'ont rien découvert.

— Vous me racontez là, duc d'Otrante, une anecdote fantasmagorique, » repartit l'empereur. « Est-ce un vampire ?

— Sire, ils sont rares en France, au dix-neuvième siècle.

— Qu'est-ce donc ?

— C'est ce que je saurai.

— Le ferez-vous arrêter ?

— Il ne commet rien de répréhensible, et j'hésite.

— Vous faites bien; il est assez fâcheux qu'il faille remplir les prisons d'État d'insensés qui prennent plaisir à courir à leur perte. Je n'approuve point les mesures préventives. La tyrannie est là ; car avec ce système où s'arrêtera-t-on ? Cependant, ce monsieur m'intrigue. A-t-on fouillé ses papiers pendant son absence ?

— Oui, sire, on n'a rien trouvé de louche.

— Vous dites que son passeport l'est ?

— Il ne se rapporte pas exactement pour le signalement ; on a même cru y reconnaître une surcharge. »

Moi, alors prenant la parole, je dis : « Ce sera peut-être un apprenti carabin ?

— C'est possible, » répliqua le duc d'Otrante, du ton d'un homme qui a une tout autre idée. Ceci m'intrigua, et quelque temps après, un matin, lorsqu'il était venu me rendre compte de plusieurs affaires dont l'empereur m'avait remis la solution, le souvenir de l'homme du cimetière me revint, et j'en demandai des nouvelles. Fouché, alors :

« Monseigneur, » me dit-il, « nous ne sommes pas au dix-neuvième siècle, comme, l'autre fois et devant vous, je l'affirmais à l'empereur, mais au neuvième, dixième, onzième; ou plutôt il y a des prestidigitateurs habiles.

— Qu'est-il donc devenu ?

— La brigade de sûreté, piquée au vif, imagine de commencer la petite guerre avec Rafin; une belle nuit, on l'arrête, à cent pas du Père-Lachaise. D'abord, d'un coup de poing, il renverse dans la boue deux de mes gaillards les plus solides, qui ont prétendu avoir été frappés, non par une main d'homme, mais par une barre de fer. Les autres l'entourent, le somment, au nom de la loi; il se calme, exhibe, à la clarté d'un réverbère, des papiers convenables : une carte civique, un passeport, acte de naissance; bref, tout ce qu'il fallait pour avoir le droit de circuler nocturnement dans la bonne ville; comme on voulait s'y prendre par ruse, on feint d'être satisfait; il paie à boire en retour des taloches appliquées; on se sépare bons amis. Lui sort, les autres restent chez le marchand de vin où on l'a conduit; mais des camarades apostés en dehors le suivent, et le perdent à point nommé.

» A quatre heures, le signal est donné par un surveillant qui voit Rafin; on y court, et cette fois, afin d'éviter les jeux de mains, un officier de paix se montre, et, pour cacher le jeu, on arrête tous les passants, trois ou quatre amenés là par hasard; on les fouille, et Rafin avec eux; on retrouve sur lui les pièces de tantôt, et rien de suspect avec; au reste, on presse la recherche, car ceux qu'on en a chargés sont, quoique peu délicats, sur le point d'être suffoqués par l'odeur infecte qui s'exhale de toute la personne de Rafin.

» Deux jours se passent, lui continue à faire des visites, notamment à une jeune et jolie couturière; on s'informe de celle-ci, elle vivait paisible, fraîche, rieuse, et depuis que Rafin la fréquente, elle devient pâle, maigre, maladive; on va à une autre maison. Ici la femme est veuve, et elle aussi perd ses couleurs et son embonpoint. Le troisième jour, un jeune homme d'environ vingt-quatre ans arrive au portier de l'hôtel, il est hors de lui; il demande Rafin, qui est sorti, cela le contrarie, il s'assied et l'attend; une heure après, Rafin arrive. Le jeune homme ne fait qu'un saut jusqu'à lui, le collette. La force prodigieuse de l'aventurier nocturne est comprimée par la fureur de l'assaillant, qui l'appelle *assassin, monstre,* et qui, sentant sa force faiblir, tire un couteau et lui porte un coup à l'aine, mais un seul, rien qu'un; quatre témoins l'ont vu, retenez bien ceci.

» Rafin pousse un cri, lâche son adversaire, et tombe roide mort. Le meurtrier prend sa course et se sauve; on ne le poursuit pas, tant on est troublé, lui laisse le couteau dans la plaie. On envoie chercher un chirurgien et la police; on déshabille Rafin, et l'on voit le sang jaillir par six plaies; deux à la gorge, deux à l'aine droite, une dans le bas-ventre et l'autre à la cuisse. Les témoins sont confondus; leurs dépositions sont unanimes. Le jeune homme a saisi d'abord Rafin, a lutté, s'est fait un arme de son couteau, n'a porté qu'un seul coup, a laissé le fer dans la plaie, et, au lieu d'une plaie, il y en a six, et l'instrument représenté à la justice ne s'adapte qu'à l'une des seules blessures, à l'aine ; les autres paraissent avoir été faites, soit par des poignards, épées, stylets, soit par tout autre outil aigu et nullement semblable à la pièce de conviction que le chirurgien, en présence du commissaire, a lui-même extraite du corps de Rafin.

» On visite ses habits, sa chambre ; on ne trouve que les papiers déjà connus, mais ni or, ni argent, ni effets. Ses actes légaux annonçaient un citoyen de Strasbourg, et là on perd la trace. Les autorités locales ne peuvent rien spécifier, à cause des soustractions des registres de l'état civil pendant le temps de la révolution. On s'est mis à la recherche de l'assassin, on l'a trouvé. Voici ce qui en était : ce jeune homme aimait une demoiselle, Rafin se place entre eux, et est préféré ; aussitôt la pauvre fille perd la santé, elle se plaint de cauchemars affreux, que son sang est sucé nocturnement par un être hideux qui néanmoins ressemble à Rafin : ces confidences sont faites à la propre sœur du premier amant, qui s'en alarme. Et, lorsque le matin il a vu mourir de faiblesse la pauvre fille, son imagination s'est allumée; il a couru provoquer Rafin; et, sentant celui-ci prêt à lui arracher la vie, tant il lui serrait la gorge, il a pris son couteau sans intention de tuer, mais seulement pour se dégager.

» On me soumet l'affaire, elle me paraît si bizarre, que je fais relâcher le jeune homme, surtout lorsqu'un incident, plus surprenant encore, complique la situation. Le corps de Rafin avait été déposé dans une salle basse, on devait l'enlever le lendemain de grand matin; ce moment venu, bonsoir la compagnie, le mort a disparu; nouvelle rumeur, qui a fait le coup? les carabins; on fait des recherches, rien n'est trouvé... Au bout de dix semaines, qu'on juge de l'effroi du portier de l'hôtel Pepin, et de la famille, et de tout le voisinage, lorsque l'on voit arriver Rafin, qui froidement réclame sa clef et ses vêtements. On l'entoure, on s'écrie, le questionne, sa réponse est briève et simple.

» Des jeunes étudiants ont volé son cadavre pour le disséquer ; ils y ont surpris un reste de vie ; ils l'ont soigné, ramené du tombeau, et sauvé enfin ; mais, comme ils ont commis un délit, il a juré de ne pas les faire connaître, et il subira toutes les peines possibles, plutôt que d'être ingrat envers ceux qui lui ont rendu l'existence. Tout cela, sans doute, est plausible, naturel, on s'en contente, hors moi. Je donne mes ordres, cet homme est arrêté, conduit dans un cachot; je m'y rends; il était bien lié, et, malgré ses cris, ses supplications, sa résistance, je ne balance pas à lui enfoncer dans les chairs un instrument de chirurgie qui ne peut faire que peu de mal, mais qui provoque à l'écoulement du sang; à mon intention qu'il devine, cet être s'abandonne à une rage violente, il fait des efforts incroyables pour se jeter sur moi; il me menace de l'avenir, je le pique...; à peine la première goutte de sang a jailli, que les six blessures antérieures se rouvrent, tous les secours sont inutiles, Rafin meurt de nouveau.

» Nous étions onze personnes présentes à cette expérience remarquable; notre stupéfaction, monseigneur, ne peut être comprise. Nous sommes au XIXe siècle, et il y a devant nous un vampire, un boucolâtre, une goule, que sais-je : ce fait incroyable confond et MM. Cuvier, et Fourcroy, et Cadet, et Portal, savants de première classe, que j'avais appelés. J'avoue que, peu instruits des précédents, ils ne virent là dedans qu'un tour de passe-passe, qu'une rouerie de police devant l'autorité, une manière neuve de se débarrasser d'un individu dangereux ; ils ont cru au poison et pas au sortilége, et le silence qu'ils gardent provient moins de leur parole engagée que du résultat d'une scène dont ils voudraient ne pas avoir été les spectateurs. Quant à moi, qui ai approfondi la chose, je suis abasourdi au dernier point. Certainement, je ne peux admettre la réalité de ces êtres surhumains, voilà pourtant ce que j'ai vu. Je fis constater le décès, on entoura le corps mort d'une multitude de linges, on le mit dans une bière de fer, on lui coupa la tête, les mains, les pieds, tout cela fut enseveli ensemble. Je fis exhumer au bout d'un an, on trouva les diverses parties en putréfaction avancée, aucune n'y manquait ; et, pour cette fois, Rafin, de retour encore, ne vint plus redemander la clef de sa chambre. J'ajouterai que la seconde femme (la veuve) à qui il faisait la cour, étant déjà fort exténuée, expira peu de jours après lui.»

FIN DU SECOND ET DERNIER VOLUME.

CHARLES LE CLERE, LIBRAIRE,

RUE GIT-LE-COEUR, 10.

ŒUVRES DE MADAME LA BARONNE DE MONTARAN.

Naples et Venise,

1 vol. in-8, orné de cinq dessins par GUDIN et ISABEY.

Prix, 7 fr. 50 c.

LES BORDS DU RHIN,

1 vol. in-8 (1838), orné de cinq gravures dessinées par GUDIN et ISABEY.

Prix, 7 fr. 50 c.

ROME ET FLORENCE,

1 vol. in-8 (1838), orné de quatre dessins par ISABEY.—Prix, 7 fr. 50 c.

La vogue incontestable et toujours soutenue du premier ouvrage de l'auteur (*Naples et Venise*) est une garantie du succès qui attend les deux autres, dont les principaux journaux littéraires se sont accordés à faire l'éloge.

Chaque ouvrage, orné de gravures, se vend séparément 7 fr. 50 c.

Les trois réunis, 18 fr.

LES MERVEILLES DE LA NATURE,

POÈME EN SIX CHANTS,

par le baron de Lamothe-Langon.

1 vol. in-8, orné du portrait de l'auteur.—Prix, 5 fr.

Rose et Blanche,

par G. Sand,

auteur d'Indiana et de Valentine, etc.

Nouvelle édition entièrement revue et corrigée. 2 vol. in-8.

Prix, 15 fr.

LES MATELOTS PARISIENS,

ROMAN MARITIME,

par Suau de Varennes.

Deuxième édition (1838), 2 vol. in-8, 15 fr.

Ainsi que l'annonce son titre, le roman dont il s'agit est tout maritime. Bien que fort jeune encore, son auteur a beaucoup navigué : ainsi toutes les scènes de mer qu'il retrace sont-elles d'une rare et puissante vérité d'expression ; les mœurs si pittoresques des matelots y sont merveilleusement mises en saillie, et là, comme dans cette vie de hasards et de contrastes, ce sont à chaque page des oppositions vives, tranchées, hardies, et dans le style et dans l'action.

Ici le rire, les larmes, la joie et le chagrin, le calme et la tempête, les horreurs sublimes d'un combat naval et les grotesques et naïves causeries des marins entre eux. Puis, pour peindre ces scènes si diverses, c'est un style aussi diversement coloré : tantôt une langue rude, forte, nuagée, comique, tantôt souple et amoureuse, bonne et simple, tendre et gracieuse, selon que le veulent les types si heureusement variés de ce roman.

Mais ce qui donne, à mon sens, une haute valeur morale au livre dont on parle, c'est que toutes ces aventures si attachantes et si vraies se groupent autour d'une donnée saisissante. Rien de plus énergiquement et profondément développé que l'admirable caractère de Henri, cet enfant de Paris qui, exalté par la lecture des voyages et de nos fastes maritimes, s'éprend passionnément de cette rude vie de marin, et, luttant avec une singulière opiniâtreté d'instinct ou de prévision contre les vœux de sa famille, arrive, à force de patient courage, de dévouement et d'intrépidité, au noble but qu'il s'est si généreusement proposé, lorsqu'une horrible catastrophe.....

Mais nous nous arrêtons ici pour ne pas déflorer l'intérêt émouvant de ce drame que la brillante et jeune fantaisie de l'auteur a brodé de nuances si riches et si variées ; nous nous applaudirons seulement d'avoir été assez heureux pour prédire des premiers un beau et long succès que l'avenir doit confirmer.

EUGÈNE SUE.

PETER KING,

par Mars,

auteur de Blaise l'éveillé.

2 vol. in-8. — Prix, 15 fr.

MÉMOIRES

d'un Homme du peuple,

par Roland-Bauchery.

2 vol. in-8. — Prix, 15 fr.

Mémoires

DE S. A. R. MADAME LA DUCHESSE DE BERRI,

par Nettement.

3 vol. in-8. — Prix, 12 fr.

LA VIGIE DE KOAT VEN,

par Eugène Sue.

4 vol. in-8. — Prix, 16 fr.

LE SÉMINARISTE, par Raban. 4 vol. in-12.   6 fr.

LE TESTAMENT DE POLICHINELLE, par A. de Bast. 4 vol. in-12.   6 fr.

LE COMTE DE HORN, par Marie Aycard. 4 vol. in-12.   6 fr.

LA FILLE DE PAUVRE JACQUES, par Demolière. 4 vol. in-12. 6 fr.

SOUS PRESSE.

LES NUITS DE ROME,

par Jules de St-Félix,

auteur de la Duchesse de Bourgogne, de Mademoiselle de Marignan, etc.

1 vol. in-8. — Prix, 7 fr. 50 c.

SOUVENIRS D'UN FANTOME,

par le baron de Lamothe-Langon,

auteur de Monsieur le Préfet, le Gamin de Paris, du Diable, la Vierge de Hongrie, le Fils de l'Empereur, etc.

2 vol. in-8. — Prix, 15 fr.

LE SAC DE NUIT DE SIR ROBERT,

par M. Dinocourt,

auteur du Serf au xve siècle, du Corse, de Mozanino, etc.

2 vol. in-8. — Prix, 15 fr.

LES MÉMOIRES D'UN ANGE,

par Emmanuel Gonzalès.

2 vol. in-8, ornés de huit vignettes. — Prix, 15 fr.

MM. les Libraires qui adresseront des demandes à la maison, directement ou par l'entremise de leurs Commissionnaires, jouiront d'une forte remise sur tous les prix portés sur ce Catalogue.

IMPRIMERIE DE Mme HUZARD (NÉE VALLAT LA CHAPELLE),
RUE DE L'ÉPERON, 7.

POUR PARAITRE TRÈS PROCHAINEMENT.

LES NUITS DE ROME,
par Jules de St-Félix.
1 vol. in-8.—Prix, 7 fr. 50 c.

LE SAC DE NUIT DE SIR ROBERT,
par M. Dinocourt.
2 vol. in-8.—Prix, 15 fr.

OUVRAGE PARU.

EXTRAITS DES

MÉMOIRES
du prince de
TALLEYRAND-PÉRIGORD,
ANCIEN ÉVÊQUE D'AUTUN,

MEMBRE DE L'ASSEMBLÉE NATIONALE, MINISTRE, AMBASSADEUR, PRINCE SOUVERAIN DE BENEVENT, VICE-GRAND-ÉLECTEUR ET GRAND-CHAMBELLAN DE L'EMPIRE, SÉNATEUR, PRINCE, PAIR, GRAND-CHAMBELLAN DE FRANCE, CHEVALIER DU SAINT-ESPRIT, DE LA TOISON D'OR, GRAND-AIGLE DE LA LÉGION-D'HONNEUR, ETC., ETC.,

recueillis et mis en ordre

PAR MADAME LA COMTESSE O... DU C...,

AUTEUR DES MÉMOIRES D'UNE FEMME DE QUALITÉ.

4 vol. in-8.— Prix, 30 fr.

Cet important ouvrage est terminé. L'éditeur, jaloux de satisfaire l'empressement du Public à connaître un livre aussi curieux, a mis toute la célérité possible dans la publication des deux derniers volumes.

www.ingramcontent.com/pod-product-compliance
Lightning Source LLC
Chambersburg PA
CBHW060633170426
43199CB00012B/1532